Wilhelm Schaefer

Über die altfranzösischen Doppelrelativsätze

und das romanische Relativ überhaupt

Wilhelm Schaefer

Über die altfranzösischen Doppelrelativsätze
und das romanische Relativ überhaupt

ISBN/EAN: 9783743483149

Hergestellt in Europa, USA, Kanada, Australien, Japan

Cover: Foto ©Thomas Meinert / pixelio.de

Manufactured and distributed by brebook publishing software (www.brebook.com)

Wilhelm Schaefer

Über die altfranzösischen Doppelrelativsätze

Über

die altfranzösischen Doppelrelativsätze

und

das romanische Relativ überhaupt.

Inaugural-Dissertation,

zur

Erlangung der philosophischen Doktorwürde

der

Königl. philosophischen Fakultät zu Marburg

vorgelegt von

Wilhelm Schaefer,

ordentl. Lehrer an der Gewerbeschule

zu Hagen i. W.

Marburg 1884.

Den Herren Professoren

Dr. E. Stengel in Marburg

und

Dr. Fr. Settegast in Leipzig

in dankbarer Verehrung gewidmet

vom Verfasser.

Herr Professor Tobler hat in der Zeitschr. f. rom. Phil. II. 562 (bz. 560) — 566 eine sehr scharfsinnige Erklärung der altfranzösischen — wie sie Diez, Gramm. d. rom. Sprachen, 5. Aufl., p. 1009 nennt — relativen Doppelsätze gegoben, die auf den ersten Blick eine befriedigende Lösung der sich bietenden Schwierigkeiten zu ergeben scheint. Und doch stellen sich, wenn man eine Reihe von Konstruktionen der erwähnten Art vergleicht und mit ihnen gleichsam eine Probe auf die Richtigkeit der Tobler'schen Theorie anstellt, neue Schwierigkeiten ein. Zwei Bedenken dagegen sind von Ph. Plattner, Herrig's Arch., B. 64, p. 361, erhoben worden, von denen ich nicht weifs, ob ich sie wirkliche Bedenken nennen soll. Gäbe es keine andern, so würde ich Tobler's Ansicht, die in der That etwas recht Bestechendes hat, mit Vergnügen zur meinigen machen. Solche Bedenken finden sich aber leider.

Tobler (l. c.) betrachtet den ersten der Doppelsätze als vom zweiten abhängig und das erste *que* als ein „beziehungsloses", stellt es dem *que* in *que**) *je sache* gleich; „*que je sache*" aber würde doch zunächst nicht „wie ich weifs", sondern „soviel ich weifs" bedeuten. Ein solcher Uebergang aber von einer Bedeutung in die andre darf nicht ohne triftigste Gründe angenommen werden; vgl. dazu J. T.**) 147. 11: *les*

---

*) S. seine Erklärung dieses „Relativs" l. c. p. 560—62.
**) Jehan de Tuim, Hyst. d. J. Cesar, ed. Settegast, Halle 1881. Ich gebe zugleich die übrigen Werke, aus denen Belegstellen angeführt werden sollen, nebst den dafür gebrauchten Abkürzungen: Joinville, Hist. de St. Louis, ed. de Wailly, Paris 1874 (Jv.). — Ville-Hardouin, La Conquête de Constantinople, ed. de Wailly, Paris 1872 (Vh.). — Henri de Valenciennes, Hist. de l'Emp. Henri, ib. (H.V.). — Chroniques de J. Froissart, ed. S. Luce, Paris 1869, Band I—III (Fr.). — Burguy, Gramm. (Bg.). — Chevalier au Lyon, ed. Holland, Hann. 1862 (C. L.). — L'Atre Perillous, Herrig's Arch., B. 42,

franchisses ke vous saves ki sont en le chitet (das doch nicht heifst: die Freiheiten, welche die Stadt besitzt, soviel ihr wifst, sondern: wie ihr [recht wohl] wifst) und ib. 66. 4; Vb. 105. 3 — Jv. 22. 7 — Tobl. l. c. u. o.
Wie erklärt sich ferner nach Tobler die von ihm angeführte Stelle, R. Alix. 507. 3: *Les bestes que tu vois qui mostrent felonnie Et que l'une vers l'autre porte si grant envie*, wenn das zweite *que* dasselbe „Adverb" sein soll wie das erste? Dann ist entweder der dritte Nebensatz dem ersten koordiniert, während doch sein Inhalt unzweideutig auf eine Koordination mit dem zweiten hinweist — und dann träte der mindestens äufserst ungewöhnliche Fall ein, dafs der regierende Satz zwischen zwei von ihm abhängige, durch *et* verbundene Nebensätze träte. Oder wir müfsten eine Ellipse annehmen, die ebenso unmöglich wäre, wobei von dem abhängigen Satze nichts als *que* übrig bliebe. (Meine Erklärung der Stelle s. später.)

Wie erklären sich ferner nach Tobler's Theorie Stellen wie Enf. Og. 7271: *Ainc Sarrasin ne vi . . . Que miex vousisse qui fust crestiennés*, u. ä. (s. T.)? Die Annahme einer „früh eingetretenen, etwelchen Entfernung von ihrem ursprünglichen Wesen" führt uns der Erklärung der Konstruktion nicht näher. Und diese Schwierigkeit tritt überall da ein, wo statt des Verbums des Erkennens ein solches der Willensäuserung oder des Sagens im ersten Satze steht.

Des weiteren erscheint es bedenklich, zwei ganz verschiedene Konstruktionen anzunehmen bei ganz homologen Fällen, wie sie sich darstellen z. B. in A. C. 1207: *Mes de cest Jhesu me merveil, Contre qui diz que me apareil*, und J. T. 147 11 (s. v.), und man wird in letzterer Konstruktion vielmehr eine Weiterentwicklung der ersteren als eine völlig verschiedene zu sehen haben, zumal in den übrigen romanischen Sprachen, denen unsre Konstruktion weit geläufiger zu sein scheint als dem Französischen*), ein Unterschied in deren Behandlung sich durchaus nicht zeigt (Bsp. später.).

---

p. 148 ff. (A. P.). — La vie de Madeleine, ib. 64, p. 87 ff. (V. M.). — André de Coutances, ib. 64, p. 161 ff. (A. C.). — Bartsch, Chrest. franç. 1872 (B. f.) und Chrest. prov. 1868 (B. p.). — Boccaccio, Decameron II., Lpz. Brockh. 1865 (B. D.). — Cervantes, Novelas Ejempl. ib. 1869 (C. N.). — Al. Dumas, La Villa Palmieri, Paris 1866 (A. D.).
*) Vgl. p. 8 *).

Ferner müfste es keine Beispiele geben, in denen an **erster** Stelle ein Relativpronomen mit **erkennbarem Geschlecht** und daraus sich ergebender Beziehung auf ein Nomen, wie *liquex*, oder statt des *que* ein *cui* stände, und auf der andern Seite müfste man erwarten, für *qui* an **zweiter** Stelle einmal ein solches *liquex* anzutreffen, wofür mir Beispiele nicht bekannt sind und auch nicht vorkommen dürften. Ein solches durch das **Geschlecht** seine Beziehung verdeutlichendes Relativ aber wäre, wenn Tobler's Theorie die richtige wäre, um so eher zu erwarten, als durch den dazwischentretenden Nebensatz die Beziehung desselben verdunkelt würde. Man müfste z. B. auch sagen können: *Tote rien bone m'esteit que saveie laquele vos plaiseit* (dafür: *k i v. p.*). Statt dessen aber treten diese sich als adjektivische Relative kennzeichnenden Formen an **erster** Stelle auf. Freilich habe ich eine **an und für sich** völlig beweisende Stelle im Altfranzösischen nicht finden können; denn in A. P. 68: *només ent un, Li quex vous volés, que ce soit*, erscheint (der Nominativ) *li quex* wenigstens grammatisch als Praedikativ zu *ce soit;* und ebendas. 3538: *Car quanque cuident qui lor plaise*) Fu fait, quanques n'i ot assoigne* und ähnliche Stellen mit *quanque* (Jv. 41. 4) liefsen sich allenfalls, wenn auch äufserst gezwungen, nach T.'s Theorie erklären. Und wenn Vh. 234. 7 sagt: *que il esliroient à empereor celui cui il cuideroient que fust plus à profit de la terre* — oder Fr. III. 42. 19: *et nomma les chevaliers qui* (= *cui?,* s. die Tobler'schen Bsp.) *il voloit qu'il fuissent desous lui* — oder Jv. 812. 1: *une grans foisons de jeunes gens sarrazins entrerent ou clos ... les espées traites, desquiex je cuidai vraiement qu'il venissent pour nous occirre* — oder Fr. III. 181. 27: *pour le grant nombre de peuple dont il estoient enfourmé qui les sievoit* — oder Jv. 63. 2: *touz ceus dont on le feroit certein que il eussent tort* (s. ib. 722. 9) — oder auch H. V. 547. 3: *ke vous avés une fille, lequele**)*

---

*) Auch der Konjunktiv in diesen und ähnlichen Bsp. ist sehr beachtenswert, da er nach der Tobler'schen Hypothese kaum erklärt werden könnte. Derselbe wird immer von dem Verbum des ersten Satzes regiert.

**) Die Konstruktion scheint von Wailly nicht richtig verstanden zu sein. Ich wüfste sonst nicht, wie er in seiner Uebertragung zu der wunderlichen Interpunktion käme: *laquelle, je vous prie, s'il vous plait, que vous me donniez pour femme.*

je vos pri, s'il vous plaist, ke vous me doingniez à moillier — so liefse sich dagegen allenfalls der Einwand erheben, dafs wir es in diesen Bsp. gar nicht mit der in Rede stehenden Konstruktion zu thun hätten, da die einen an zweiter Stelle nicht das rätselhafte *qui*, andre statt des zu erwartenden Accusativs des Relativs einen Genitiv — und andre gar ein *dont* zeigen, das nach Tobler l. c. 560—62 erst recht als relatives Adverb aufgefafst und dann nicht als gegen, sondern vielmehr für die Tobler'sche Auffassungsweise sprechend gedeutet werden könnte. Hat doch Herrn Prof. Tobler auch das Vorhandensein von Konstruktionen wie die eben citierte, Fr. III. 42. 19 (s. p. 3) und ähnlichen, wie er sie selbst anführt, nicht von der Aufstellung seiner Theorie abzuhalten vermocht. Dagegen zeigen Stellen aus dem Italienischen und Spanischen,*) in welchen Sprachen die in Rede stehenden Konstruktionen ein ganz einheitliches Gepräge tragen und nicht so grofsen Schwankungen wie im Altfranz. unterworfen sind — ich glaube, unwiderleglich — dafs ihre Konstruktion wenigstens nicht die Tobler'sche ist. B. D. p. 95. u.: *le case de' morti . . . le quali egli dice che sono nostra casa.* 103. m.: *Il quale io non reputo che stato sia errore.* 118. m.: *il doglio, il quale tu sai che, già è cotanto, ha tenuta la casa impacciata.* Ebenso beim Accusativ: 90. o.: *e duolsi di voi, la quale egli dice che ha con altro uomo trovata in adulterio.* 75. o.: *(il parlar di m. O.,) il qual comandò la Reina a P. che seguitasse.* 224. u.: *tu hai fatto male, il quale se tu vuogli che io ti perdoni, pensa . . .* Ebenso span. C. N. p. 12. u.: *y considerad despacio la que viéredes que mas os convenga.* 268. m.: *¿ quedó contento en haber alcanzado de vos lo qué decis que era suyo?* Acc.: 118. o.: *mis padres de los cuales* (s. u.) *temo que, por no conocer lo que yo conozco que mereces, me han de negar el bien que tanto me importa.* 50. m.: *la cual causa te suplico me digas.*

Aus diesen leicht zu vermehrenden Bsp. erhellt von selbst die Natur gleichartiger Sätze, die mit *que* eingeleitet sind, wie B. D. 208. u.: *vi domanderanno quel che voi vogliate che si faccia* (82. m.). 160. u.: *per vedere che maraviglie sien queste*

---

*) Ich führe die Bsp. hier an, da die von Diez, Gr. p. 1009, gegebenen dies nicht erkennen lassen.

che costui dice che vede. 161. u.: *quello che io so certissimamente che io non pensai.* 285. m.: *Non odi tu ciò ch'e' dice che ha fatto stanotte alla Niccolosa?* — C. N. 145. u.: *aquel paje que mi madre escribe que llevó á L. las nuevas de mi muerte* (180. m.). 152. u.: *por sus puentes, que parece que se están mirando unas á otras.* 275. u.: *la imágen de aquella, que poco tiempo ha que vos deciades ser vuestra gloria y vuestro cielo.* 276. u.: *pero pues mi corta suerte me ha traido á término, como vos decis, que creo que sera el postrero de mi vida, . . . quiero deciros una verdad, que si no os fuese ahora de gusto, podria ser que despues os fuese de provecho* (265. m.). — Acc.: 271. o.: *la cédula que dice que le hizo.* 168. o.: *por las cosas que dicen que dije cuando loco.* 266. m.: *y os aseguro el secreto que quisiéredes que tenga.* 267. o.: *la hija desventurada que vuestro hermano dice que D. S. tiene tan celebrada de hermosa* (s. n.). A. D. 330. o.: *una noticia horrible, que mi hermano y yo hubiéramos querido supierais por otros . . .*

Gleich drastisch zeigt es sich, dafs das erste, nicht das zweite *que* das auf das Nomen bezogene Relativ ist, wenn in den ersten Satz noch ein andres Glied des zweiten gezogen ist, wie Molière: *Cette lettre, monsieur, qu'avec cette boite On prétend qu'ait reçu* (?) *Isabelle de vous* (cit. Mätzn. Synt. II. 255). — B. D. 78. m.: *e quelle grazie gli rendè che a ciò credette si convenissero.* 105. m.: *la vostra onestà? la quale non ch'e ragionaménti sollazzevoli, ma il terrore della morte non credo che potesse smagare.* 217. o.: *l'amore, il qual tu porti a quella donna che più savia di me di' che hai trovata (e da cui tu di' che se' amato).* — C. N. 146. o.: *hallé al conde A. . . . que con cuatro criados disfrazados, y encubierto, mas por ser curioso que por ser católico, entendí que iba á Roma.* Dsgl. ergiebt sich der in Rede stehende Gebrauch aus Stellen wie C. N. 277. o.: *el fruto que ella pudo darme, y yo quise que me diese.*

Eine eigentliche Beweiskraft aber haben solche Stellen freilich zunächst nur für die betreffenden Sprachen, und es läfst sich aus ihnen zunächst nur ein — vielleicht trügerischer — Schlufs für das Französische ziehen. Anders gestaltet sich die Sache in den Fällen, in denen der zweite Satz nicht ein Kasus-, sondern ein indirekter Fragesatz ist, wobei an Stelle des zweiten fraglichen *que* (bz. *qui*) ein Interrogativpronomen tritt, so dafs über die Natur des ersten *que* ein Zweifel nicht obwalten kann; C. L. 5239: *Dex, s'il li plest, Cest duel, que ne sai, dont vos nest, Vos ost del cuer et tort a joie.**) Hier tritt das auf *duel* bezogene Relativ im Accus. auf und ist zugleich Subjekt des Fragesatzes, bez. letzteres wird aus ihm (wenn auch nur in Gedanken) ergänzt**). Das Bsp. ist als Analogon für den weiteren Verlauf dieser Untersuchung von entscheidender Wichtigkeit. Ebenso ital. und span. — B. D. 111. u.: *della fantasima, la quale****) *sallo Iddio che io non so che cosa si sia (nè ancora alcuna trovai che'l sapesse).* 208. m.: *le quali cose io non so come voi vi siate a far disposta.* — C. N. 50. o.: *y vengamos á las tuyas, que quiero ver si le tienen.* 143. m.: *aquel vestido mismo que llevó . . ., que ya se ha dicho cuán rico y cuán vistoso era.* A. D. 344. m.: *Hay, señor, lo que no sé si os deba decir.* Diese u. a. Bsp. aber müssen doch entschieden auf derselben Grundlage behandelt werden, wie die in Rede stehende Konstruktion, da es ganz gleichgültig ist, welcher Art der zweite Satz ist. Die ital. und span. Bsp. zeigen nun, dafs ein Unterschied in der Behandlung beider Konstruktionen nicht stattfindet, mit ihnen stimmt das Franz., wie die Bsp. zeigen, in der letzteren überein — der Schlufs ist also wohl berechtigt, dafs auch die erstere eine allen verwandten Sprachen gemeinsame sei.

Unterstützt wird dieser Schlufs noch durch eine Vergleichung des in den erwähnten Sprachen bei Verschmelzung eines Kasussatzes mit einem (direkten oder indirekten) Fragesatze beobachteten Verfahrens. Auch dieses ist allen gemeinsam — und doch zeigt auch hier das Altfranz. dieselbe Abweichung, ohne dafs auf solche Konstruktionen die Tobler'sche Theorie anwendbar wäre. C. L. 1696: *Quant dui chevalier sont ansamble Venu a armes en bataille,*

---

*) Vgl. damit Jv. 785. 1: *La profecie de l'evre de ce fait fu de Joseph lou fil Jacob, que vous orrez ci-après commant Judas . . . le vendi pour trente pieces d'argent.*
**) Vgl. dazu Vh. 234. 7, cit. p. 3, sowie p. 8*).
***) Ob das ital. und span. Relativ in solchen Konstruktionen auch als Acc., oder aber als Nom. zu fassen, darüber später.

Li quex cuidiez vos, qu'i (A B *qui*, das im Texte aufzunehmen ist) *mialz vaille, Quant li uns a l'autre conquis?* A. P. 2836: *Bele, fait il, que vous agrée, Que vous plaist il, que nous facons?* V. M. 118: *Que loez vus, que nus feson?* Fr. III. 13. 13: *à savoir quel cose il voloit qu'il fesissent;* 30. 18 (B. f. 357. 15); Vh. 372. 1; Jv. 318. 3 — B. D. 161. o.: *Che di' tu che vedi?* — C. N. 24. u.: *mira qué juramento quieres que haga, ó qué otra seguridad puedo darte.*

Des weiteren dürfte sich auch die Tobler'sche Behauptung, dafs einen Nebensatz bestimmende Nebensätze wie *que je sache, que je crois* diesem vorantreten, anfechten lassen. Dies thun, wie ich in einer späteren Abhandlung über altfr. Periodenbau des näheren darlegen werde, nur solche Nebensätze, die auch, wenn sie von einem Hauptsatze abhängig sind, diesem der Regel nach, oder mindestens gern, vorangehen. Dafs letzteres aber bei den fraglichen Sätzen der Fall wäre, dafür habe ich weder unter den Tobler'schen Citaten (l. c. p. 560—64), noch sonstwo eine einzige Belegstelle finden können. Alle dortigen und sonstigen Stellen*) zeigen vielmehr **Zwischen**- oder **Nachstellung**, und eine **Vorausstellung** derselben dürfte kaum vorkommen, wodurch auch die Vorausstellung dieser Sätze vor den regierenden Nebensatz zum mindesten sehr fraglich wird. Und in der That zeigen die von T. angeführten Bsp. letzterer Art (p. 561. u. und 562. o.) durchgängig **Nach**- (Roux I. 447 etc.)**) oder **Zwischenstellung**.***)

*) Vgl. auch B. p. 365. 16.
**) Vgl. Jv. 594. 5: *Et ces choses vous ramentoif-je, pour ce que j'avoie jà estei cinq ans entour li, que encore ne m'avoit-il parlei de la royne ne de ses enfans, que je oïsse, ne à autrui.*
***) Letztere, und nicht Vorausstellung, findet statt Ren. 5638 und C. L. 6476: *N'onques oi parler n'avoie De chevalier, que je seusse, An terre, ou je este eusse, Qui li chevaliers au lycon Fust apelez an sorenon.* Auch wenn der (überflüssige) dritte Vers wegfiele, würde nur Zwischenstellung stattfinden, da *que je seusse* den Haupt- und Nebensatz zusammen bestimmt. So auch C. N. 276 (s. v.) und 15. u.: *que no hay poeta, segun dicen, que sepa conservar la hacienda que tiene.* So stehen auch mit *si comme* (ensi que) eingeleitete Nebensätze, denen ja die in Rede stehenden der Bedeutung nach gleichkommen sollen, wenn sie sich auf Haupt- und Nebensatz be-

Herr Prof. Tobler ist auf seine Erklärung gebracht worden durch das „Fehlen von Bsp., in denen an Stelle des (zweiten) *qui* das naturgemäfsere *qu'il, qu'elle* u. s. w. steht". Die Bsp. hierfür mögen allerdings selten sein, wie überhaupt die Belegstellen für die in Rede stehende Konstruktion im Altfrz. viel seltener zu sein scheinen als in den andern romanischen Sprachen.*) Es giebt aber Belegstellen hierfür, und das Vorkommen dieser Konstruktion neben der andern ist für die Beurteilung der letzteren von entscheidender Wichtigkeit insofern, als es uns zu dem Schlusse berechtigt, dafs wir es in den (eigentlichen) Doppelrelativsätzen nicht mit einer völlig andersartigen Konstruktion, sondern nur mit einer etwas abweichenden Weiterentwicklung der zu besprechenden zu thun haben. Ein Bsp. führt Mätzner, Synt. II. 256, aus Ville-Hardouin an: *Nos li aiderons la soe terre à conquerre, que**) nos savons qu'ele est tolue lui et son perc à tort.* Jv. 96. 2: *uns Alemans de l'aage de dix-huit ans, que on disoit que il avoit estei fiz sainte Helisabeth de Th.;* Fr. I. 61. 2: *sans oïr ne*

---

ziehen, zwischen beiden (Fr. II. 80. 7: *Or n'est riens, si com on dist, qui ne prende fin;* Jv. 106. 3; 170. 2; vgl. auch die Stellung eingeschobener Hauptsätze: H. V. 504. 1: *Il avint à une Pentecouste, che dist Henris, ke li empereres ert à sejour en C.;* 571. 8 u. auch 576. 4), sonst nach: Jv. 739. 3: *lesquiex enseignemens li roys escrist de sa sainte main, si comme l'on dist;* Fr. I. 41. 14; II. 130. 18.

*) So haben Vh. u. Jv. die Konstruktion mit *qui* nur einmal (Vh. 105. 3; Jv. 22. 7), dagegen *qu'il (que)* Vh. 72. 6 (234. 7; 252. 2); Jv. 96. 3 (812. 1; 722. 9; 63. 2; 781. 1); ebenso Fr. I—III einmal *qui* (III. 181. 27 *dont-qui* cit. p. 3), dagegen *qu'il* dreimal (I. 61. 2; 128. 11, s. n., und III. 42. 19, cit. p. 3), so dafs bei diesen Schriftstellern letztere Konstr. sogar als die geläufigere erscheint. H. V. hat keine von beiden, ebenso das Rolandslied (ed. Boehmer) nicht. Gleich selten erscheint die Accusativkonstr. (H. V. 3 Bsp., Jv. 4, Fr. I—III 2, cit. p. 10*). Geläufiger scheinen die Adverbialkonstruktionen, deren Vh. drei, H. V. eine, Jv. acht, Fr. I—III dreizehn aufweist, s. dieselben p. 9**).

**) Ganz beweisend ist freilich diese Stelle an sich auch nicht, da sich *que* zur Not als Kausalkonjunktion erklären liefse. So hat es Wailly (Vh. 72. 6) aufgefafst, der nach *conquerre* — ohne Grund, wie die folgenden Bsp. zeigen — ein Semikolon setzt.

*savoir nouvelles des Escos q u'i(l) cuidoient q u'il deuissent par
là passer;* 128. 9: *Et meismement tous les poissans de Fl.* ...
*q u'il pensoit q u'il fuissent favourable au conte en aucune
manière, il les banissoit de Fl.* Ebenso J. T. 135.
8: *pour peril k'il seust k'il en deust avenir a le tiere d'E.* (*k'il* in
zwei Hss., während die dritte *q u i* hat) und 26. 3: *pour
saisir les chastiaus et les fremetes d'Italle k'il quide k'il* (auf
chast. und *frem.* bez.) *li peussent grever a se guerre maintenir*
(dies *k'il* nur in einer Hs., *A que, S qui*).

Ich glaube, diese Bsp. allein entziehen der Tobler'schen
Theorie die Grundlage, auf der sie aufgebaut ist. Es handelt
sich nun darum, eine andre Erklärung der Doppelsätze, und
zwar speciell der Doppelrelativsätze, an deren Stelle zu setzen.*)
Sehr einfach liegt die Sache, wenn das logisch dem zweiten
Satze angehörende Relativpronomen im Accusativ mit oder ohne
Präposition oder im Adverb steht. Dann tritt dieses einfach
an die Spitze des ersten Satzes, ohne dafs im übrigen Satzgefüge eine Aenderung stattfindet. Wird also ein Satzgefüge
wie: *On dist que Lucans fu nes a Cordes* — relativ an ein
vorausgehendes „*Cordes*" angeknüpft, so tritt das für „*a Cordes*"
eintretende relative Adverb an die Spitze des ganzen Gefüges,
und wir erhalten: *(et s'en vint a) Cordes, dont on dist que
Lucans fu nes* (J. T. 243. 2); ebenso 118. 16: *et s'en vait
outre, ou il voit ke li mellee est plus pleniere* (243. 4).**)

*) Gleichsam als eine Kollektion — freilich nicht aller —
der im Folgenden zu besprechenden Spracherscheinungen sei es
mir gestattet eine Periode aus C. N. (24. m.) an die Spitze zu
stellen: *esta hermosura que tú dices que tengo, que la
estimas sobre el sol y la encareces sobre el oro, ¿qué sé yo
si de cerca te parecerá sombra, y tocada caerás en que es
de alquimia? Dos años te doy de tiempo para que tantees y
ponderes lo que será bien que escojas, ó qué será justo
que deseches: que la prenda que una vez comprada, nadie
se puede deshacer de ella sino con la muerte, bien es que
haya tiempo y mucho para miralla, y miralla, y ver en
ella las faltas ó las virtudes que tiene.*
**) Weitere Belegstellen: *(où-que)* Vh. 36. 9; 103. 11;
Jv. 168. 4; 663. 2 u. 4; Fr. I. 199. 17; II. 10. 24; 110. 9;
115. 22; III. 51. 4; 136. 31; 158. 2 — Vh. 48. 6 (*en quel-
que lieu que il oroient dire que il torneroit*) — (*sur quoi-
que*) Jv. 145. 3 — (*si comme* etc. — *que*) H. V. 563. 7; Fr. I.

Ebenso wird aus: *Je vois ke cist autre . . . vont destrece souffrant —: comme la destrece ke je vois ke cist autre . . . vont souffrant* (*ib.* 154. 2).*) — Prov. B. p. 238. 7: *en aquella part on saup quel murs era rotz.* 348. 41: *de las ydolas que yeu veg que apellas dieus* (236. 5). — Ital. B. D. 79. u.: 1314, *al qual tempo assegnano gli storici che questo D. d. R. fosse in F. capitano d'arme.* 154. m.: *del quale amore . . . niente mostrava se ne curasse.* 106. o.: *questo luogo, dove non credo che mai alcuna fosse di voi* — ähnlich 157. u.: *in presencia d'uomini che giusti giudici sieno alla mia querela, sì come io credo che voi sarete* (64. o.; 90. m.; 98. u.) — und mit indirektem Fragesatz 208. o.: *si fu nigromanzía, della quale per certo io so ciò che n'è.* — Ital. (und span.**) Bsp. mit dem Accusativ s. v. — Span. C. N. 119. o.: *aquel (dia) en el cual los padres de R. querian que su hijo inclinase el cuello al yugo santo del matrimonio* (120. o.; 145. u.; 146. o.; 147. o.; 152. u.; 148. u.***); 259. u.†); 278. m.; 13. u. — 31. m.; 35. u. — und im Fragesatze 50. o.: *¿por cuáles quieres que lo diga?*

Dieser Vorgang hat für die älteren romanischen Sprachen, und für die südlichen auch heute noch, durchaus nichts Befremdendes, da ihre Wortstellung nicht in so enge Regeln eingezwängt war, bez. ist, wie die neufranzösische. Dort treten in ganz derselben Weise und ohne den zwingenden Grund, der beim Relativ in seiner Anlehnungsbedürftigkeit vorlag, in den abhängigen Satz gehörige Nomina (und Pronomina) nachdrucksvoll in den regierenden Vordersatz hinüber, s. Diez, Gr.

---

170. 13; III. 39. 7; 89. 23; 114. 16 — II. 110. 25; Jv. 515. 2; 825. 7 — (*combien-que*) Jv. 562. 3 — (*de quoy-que*) Jv. 658. 9? — Bemerkenswert Fr. II. 121. 19: *où il disoient ensi qu'il se combateroient au roy.*

*) Andre Bsp.: H. V. 512. 9; 578. 6; Jv. 544. 7; 568. 3; 768. 5; Fr. II. 141. 6; III. 144. 24; — ferner H. V. 547.*3 (s. p. 3. u.) u. Jv. 665. 4 (s. später).

**) Weitere span. Bsp. C. N. 187. u.; 146. m.; 15. m.; 33. u.

***) Vgl. A. D. 178. m.

†) Vgl. damit die gang und gäbe Ausdrucksweise *donde quiera que* (*ubicunque*) *han vivido* (178. m.) u. ä., die heute zu blofsen Konjunktionen erstarrt sind.

1113 f.,*) wo jedoch nur Bsp. für den Nominativ und Accusativ angeführt sind, während jedes andre Satzglied in gleicher Weise voraustreten kann: V. M. 319: *Alcon, ke mielz aider se pot, De la dame conuit et sot, Ke l'alme ert partie del cors;* Jv. 818. 5**). — B. p. 221. 5: *ab aital cor vuelh que siatz.* — C. N. 171. u.: *Atrevido mancebo, que* (relativ oder kausal?) *de poca edad hacen tus hechos que te juzgue;* 134. u.; 34. u. Wie nun hier auch das nominale Subjekt des abhängigen Satzes in den regierenden gezogen werden kann, so konnte oder vielmehr mufste auch das relative an die Spitze des letzteren treten, und zwar zunächst, wie Tobler bemerkt, im Nominativ.***) Nun traten aber die Subjekte beider Sätze, wenigstens von jener Periode ab, da man das pronominale Subjekt des regierenden Satzes zu setzen sich gewöhnte, neben einander, was dem Sprachgefühle zuwiderlaufen mufste. Es mufste also ein Ausweg gefunden werden — und was lag da näher, als das Relativ, das seine Stelle im regierenden Satze fand, auch in die Konstruktion desselben hineinzuziehen, d. h. von dem Verbum desselben abhängig zu machen? Es trat also bei transitiven Verben in den Accusativ (Bsp. s. v. u. Tobler l. c., Mätzn. Synt. II. 256, sowie Jv. 685. 1), bei andern aber in den von dem Verbum verlangten Kasus, bez. wurde von diesem durch die entsprechende Praeposition abhängig gemacht†). Ville-Hardouin: *Celui*

---

*) Die Freiheit der altfr. Wortstellung zeigt so recht C. L. 5410: *Tote enor vialt, que l'en li face, Li peres si, com ele fet.*

**) Vgl. auch Bsp. wie Fr. III. 144. 14: *s'il les seuissent à qui vendre;* 35. 15 u. sehr oft.

***) Das Folgende bezieht sich nur auf das Altfranzösische, inbetreff der südlichen Sprachen s. später.

†) Wenn Mme de Sévigné — frühere Bsp. sind mir nicht bekannt, dürften aber gleichfalls vorkommen — schreibt: *Je n'ai pu me dispenser de causer un peu avec vous sur un sujet que je suis assurée qui vous tient au coeur* (cit. v. Plattner, Herrig 64. 359), so sind solche späte Bsp. nicht etwa als ein Gegenbeweis für das eben Behauptete, sondern als auf Mifsverständnis der Konstruktion beruhende falsche Analogieen zu betrachten, wie sie nicht selten vorkommen (etwa wie franz. *le lierre = l'ierre,* deutsch des Nachts u. s. w.)

cui Diex donra qui*) *soit esliz*, und daneben: *Celui cui Diex donra qu'il soit esliz à empereor.* Jd. (citiert Mätzn. Synt. II. 256). Vh. 234. 7: *celui cui il cuideroient que fust plus à profit de la terre.* C. L. 5046: „*Et vos, sire, ou j'ai esperance, Que bien m'an porriez oster!*" Fr. III. 181. 27: *pour le grant nombre de peuple dont il estoient enfourmé qui les sievoit.* A. C. 1520: *Tu es cil Jhesu* (*Crist-* zu tilgen, ebenso v. 1617), *puet cel estre, Donc Satan disoit nostre mestre, Que par la croiz, ou mis seroies, Nostre pooste destruiroies.* Jv. 722. 9; 63. 2 — 812. 1 (s. p. 3). (Span. C. N. 118. o.; s. p. 4). Ebenso beim indirekten Fragesatz: C. L. 5240 und A. C. 1710: *Chantez au seignor novel chant, De qui vos estes bien sachant, Quels mervelles por vos a fait.* So konnte auch bei einem unpersönlichen Zeitwort das Relativ als dessen Subjekt in die Konstruktion des regierenden Satzes gezogen werden, was mit dem Gesagten nicht etwa im Widerspruch steht, sondern es vielmehr bestätigt: Jv. 781. 1: *ou boisson qui sembloit que ardist.*

Dieser Vorgang findet ebenfalls seine Parallele in der Voranstellung von Substantiven, die gleichfalls in die Konstruktion des regierenden Satzes hineingezogen werden. Diez, p. 1114, sagt zwar: „Die prov. Bsp. zeigen, dafs das vorangestellte Nomen nicht vom Verbum des regierenden Satzes abhängt",**) und ich habe leider kein Bsp. finden können, wo der vorangestellte Nominativ erweislich in die Konstruktion des regierenden Satzes als Accusativ eintritt, zweifle aber gar nicht, dafs solche vorkommen.***) Es ist aber auch gar nicht

---

*) So citiert Mätzn., Synt. II. 256, wahrscheinlich auf Handschriften fufsend; Wailly, der überhaupt so manches ausgemerzt zu haben scheint, was nicht nötig wäre, hat (Vh. 258. 2) nur *qu'il*. Die Stelle ist für unsre Untersuchung aufserordentlich wichtig, da wir das fragliche *qui* haben, ohne dafs sich die Tobler'sche Erklärung auf das voraufgehende *eui* anwenden liefse. Ueber den bei der Stelle etwa zu machenden Einwand, *qui* sei = *qu'i(l)*, später.

**) Notwendig ist ja dies auch beim Doppelrelativsatz nicht, wie Fr. III. 42. 19 (s. p. 3) und die von Tobler, p. 564. o., angeführten Bsp. zeigen.

***) Ein solches scheint vorzuliegen Jv. 704. 6: *Ceste deffense des mariages ... ne voulons-nous qu'elle se estende aus prevos* etc., wenigstens läfst die Inversion darauf

nötig, dafs das in die Konstruktion des regierenden Satzes eintretende Nomen oder Pronomen an der Spitze des letzteren steht, es genügt, wenn es hier die dem Objekt zukommende regelmäfsige Stellung einnimmt. Und dafür stehen mir Bsp. zugebote. Ich setze dasjenige zuerst, das am deutlichsten zeigt, wie gewaltsam und strenger Logik durchaus nicht entsprechend solche Protraktionen sein konnten: Jv. 696. 2: *ne ne souferront nos droiz que il soient soustrait, ne osté, ne amenuisié;**) 144. 1: *qui attendoit le roy qu'il venist en Egypte.* Vh. 247. 2: *ne sai quex gens qui cremoient les Grez qu'i nes assaillissent;***) 431. 4: *il ne créoient pas les Gricx... que il lor deussent aidier de cuer.****) Fr. III 172. 4: *Et bien les veirent li Englès que il estoient là venu pour yaus veoir.* Die Bsp. zeigen, wie die in die Konstruktion des regierenden Satzes hineingezogenen Subjekte des abhängigen in ersterem ganz die ihnen als Gliedern desselben zukommende Stellung einnehmen. Ganz ebenso tritt auch das Relativ an die ihm gebührende Stelle, nämlich an die Spitze des Satzes.

Ebenso finden sich gerade im Altfrz. Bsp. genug, in denen das Subjekt des abhängigen Satzes als Genetiv vom (natürlich nicht transitiven) Verbum des regierenden Satzes abhängt. B. f. 195. 7: *De celuy qui la main at mis a la charrue et aprés se retornet ayere, est certe chose qu'il aparmennes*

---

schliefsen, vgl. Jv. 596. 8, cit. p. 1b (s. auch 768. 6). Ferner B. p. 366. 25: *Le cruzel vent qu'entorn de la flor venta, Dic yeu de sert quez es cobeytatz granz,* freilich drei Verse weiter: *e le grans freitz ... dic qu'es la mortz.*

*) Das Bsp. zeigt zugleich, wie wenig wir berechtigt sind, stets den strengen Mafsstab der — oder vielmehr unsrer — Logik an sprachliche Erscheinungen anzulegen, besonders wenn, wie bei den Doppelrelativsätzen — was ja in den vorliegenden Bsp. gar nicht der Fall ist — zwingende Notwendigkeit zu einer Vergewaltigung derselben führen mufste.

**) Den Abschreibern scheint die Konstruktion bereits zu kühn gewesen zu sein; BCDE haben dafür: *qui se doutoient que li Grieu ne les asalissent (assaussissent).*

***) So läfst sich auch auffassen B. f. 35. 29: *Quant Rollanz vit l'arcivesque qu'est morz.* Vgl. auch Rosas, Fab., p. 11: *El dueño de la casa, A los vecinos hace Que dejen sus negocios y vengan á escucharle.*

trabuchet et ke li mers cuevret son chief.*) C. L. 420: *De la fontainne poez croire Qu'ele boloit com eve chaude* (411). — A. C. 278: *De vos poez estre tot cert, Que si vilment l'avez traine, Que mout avez mal espletie.* J. T. 183. 28: *De cele vous di jou k'ele a le cuer mout vilain . . . ki ensi s'abaudoune.* Prov. B. p. 49. 11: *De domnas m'es vejaire Que gran falhimen fan* (250. 29). Vgl. Gellius III. 3. 15: *de Naevio accepimus fabulas eum in carcere duas scripsisse.* Und mit Nachstellung C. L. 1966: *ne peor n'aiez De ma dame, qu'el ne vos morde.* (J. T. 171. 16; 175. 27)**). H. V. 555. 7: *Et tant vous sai-ge bien por voir à dire de me damoisiele vostre feme, ke elle est biele, sage . . .* Fr. III. 189. 9: *et cuidièrent des Englès que ce fuissent leurs gens;* 7. 25: *estoient durement esmervilliet de leur contesse de ce que elle demoroit tant.* — Ebenso tritt auch ein Accus. in den regierenden Satz ein: C. L. 2076: *Et de la parole semont Son seneschal, que il la die;* A. P. 1006: *De ceste pucele vous pri, Que ma suer le gart annit mais* (Fr. III. 16. 31). — Vh. 475. 1: *Et sachiez que on le tint à grant miracle****), *de vile qui ere aprochie de prandre . . ., que il la laissa.* — Gen. Jv. 807. 1: *De sa resurrection vous dirai-je que je en oï.*

Ganz in derselben Weise tritt auch das Subjekt (bez. Objekt) eines abhängigen **Fragesatzes** in die Konstruktion des übergeordneten Satzes ein, und zwar sowohl im Genetiv, als auch im Accusativ, s. Diez, 1050. u.†) *(lo metge sai ben qui es)*, der aber auch kein afr. Bsp. anführt, wo ein Nominativ als **Accusativ** attrahiert ist; vgl. A. P. 5108: *Je ne sai pas nomer le mien Ki il est, ne quant jel ferai*, und 5273: *Le tiers n'i sai je pas qui fu, Ne mais qu'il ert o ex venu.* — Prov. B. p. 356. 25: *Mas bo mayti Te leves e vay ton*

---

*) Und gerade umgekehrt unmittelbar dahinter: *Cil mismes ki . . ., sel covient il totevoies chaor . . .*

**) Vgl. auch J. T. 151. 18: *cil ki . . . de celui voeill jou k'il viegne od moi;* und auch 151. 16: *et d'oume ki pleges veut demander . . . jou n'ai cure de mener o moi.*

***) Das Komma ist zu tilgen; *de vile* hängt grammatisch von *tint à grant mir.* ab.

†) Sämtliche Citate aus Diez sind im Anhange nach der 3. Aufl. zusammengestellt.

rossi Veser que fa. — Im Genetiv: Jv. 596. 8: *De ses autres trois freres ne sai-je que il devindrent.* C. L. 6701: *Et avez li vos dit de moi, Qui je sui?* (1799). J. T. 171. 16; 175 27; Jv. 753. 1; Fr. III. 52. 2; 148. 3; 185. 26; II. 116. 20; III. 61. 27: *et là ordonna il de ses gens quel cose il feroient;* Vh. 369. 5 — B. p. 241. 4. Vgl. auch Fr. III. 173. 13: *et par plus grant loisir (porés) aviser vos ennemis par quel lieu on les pora combatre.* — Fr. II. 100. 21: *Si enquist dou roy englès où il le trouveroit;* 169. 21.*) A. P. 6496: *Et G. lor a demandé Del vaslet comment li estoit.* — Im Dativ B. f. 196. 35.

Wenn nun auch bei den Doppelrelativsätzen das Subjekt des abhängigen Satzes als Accusativ oder Genetiv in den regierenden Satz gezogen wurde — und ein Bedenken gegen diese Auffassung und ihre Möglichkeit dürfte sich wohl kaum erheben — so fehlte ersterem nunmehr sein Subjekt, das, wenn es auch dem älteren französischen Sprachgebrauche gemäfs nicht ausgedrückt zu werden brauchte**), so doch hinzugedacht werden mufste — und dieses mufste ein Personalpronomen sein. Für dieses *que* mit dem (ausgedrückten oder zu ergänzenden) Personalpronomen aber trat meiner Ansicht nach unter dem Einflusse des voraufgehenden Relativs, auf das sich das Personalpronomen ja bezog, mit Vorliebe das Relativ ein, während die gewöhnliche, unkontrahierte Konstruktionsweise daneben bestand. Diese Ansicht könnte auf den ersten Blick vielleicht sonderbar erscheinen, findet aber ihre Begründung in einer Reihe homologer Fälle, die wir des näheren besprechen müssen.

Betrachten wir zunächst einmal die Natur des altfr. *que*. Burguy, Gr. II. 390, sagt (und seine Worte passen zum grofsen Teil auch auf die andern romanischen Sprachen in ihren ältesten Perioden): *Que avait le sens exact ou approximatif de: afin que, pour que, parce que, vu que, de manière que, de sorte que.* Das ist sehr schön und richtig — und ich möchte

---

*) Vgl. damit Fr. II. 140. 11: *Car il li fu avis que c'estoit grant cose et noble de la ducé de Br., se il le pooit conquerre.*

**) Vgl. p. 12, sowie C. L. 5046 und A. P. 1520, ebenso C. L. 5239.

hinzusetzen: es hatte auch noch einige andre Bedeutungen — wie kam aber das schlichte Wörtchen zu einem so bunten Allerlei von Bedeutungen? und woraus erkannte man die jedesmalige Bedeutung desselben? Doch wohl nur aus dem ganzen Zusammenhange. Wenn wir (s. Herrig, Arch., B. 60, p. 85) eine Sprachperiode annehmen müssen, wo die heutige **hypotaktische** Satzfügung noch eine rein **parataktische***) war, so mufs dieser eine Periode des Ueberganges zur hypotaktischen (eine Periode, die wahrscheinlich Hunderte von Jahren dauerte,) gefolgt sein, und es liegt auf der Hand, dafs bei Beginn derselben nicht gleich alle oder auch nur eine einigermafsen ausreichende Anzahl von Konjunktionen zur Bezeichnung der verschiedenartigen Beziehungen von Haupt- und Nebensatz zu einander fertig vorlagen, dafs vielmehr zunächst nur sehr wenige, wahrscheinlich nur eine einzige, neu geschaffene die Obliegenheit erhielt, das untergeordnete Verhältnis der Sätze zu einander überhaupt auszudrücken, wobei das **logische** Moment der Unterordnung gar **nicht zum Ausdruck kam**, vielmehr, wie bis dahin auch, aus dem **Zusammenhange erraten** werden mufste. Und dafs wir diese „**Generalkonjunktion**", bez. deren romanische Vertreterin, in dem gemeinromanischen *que (che)* vor uns haben, darauf scheinen eben die **mannigfachen, unausgedrückten** Bedeutungen desselben hinzuweisen, sowie auch der Umstand, dafs aus diesem *que* sich später durch die Art der Beziehung verdeutlichende Zusätze**) **die meisten Konjunktionen entwickelten.**

Wie entstand nun bei dieser ursprünglichen und primitivsten Satzunterordnung der eine Sonderstellung unter den Nebensätzen einnehmende Relativsatz? Nehmen wir zwei Sätze mit einem gemeinschaftlichen Satzgliede: *Rubicons est une petite aigue; ceste aigue (= ele) devisse la tiere des Frans et des Roumains.* Letzterer Satz hypotaktisch mit unsrer Generalkonjunktion an ersteren angeknüpft, würde ergeben: *R. est*

---

*) Das lehrreichste Muster für paratakische Satzfügung ist unstreitig das Rolandslied.

**) Wie umständlich und schwerfällig derartige Zusätze sein konnten, zeigt das Froissart'sche *pour le cause de ce que* (III. 25. 19: *et se tenoient à le barrière, pour le cause de ce qu'il veoient le banière le conte de W.* — 80. 16; 99. 12).

une p. aigue que ele devisse . . . oder mit mentaler Ergänzung des pronominalen Subjekts: *que*) devisse*. **Für diese Konjunktion *que* mit dem ausgedrückten oder zu supplierenden Personalpronomen trat dann das Relativ ein, das durch Flexion auch die verschiedenen Kasus des Personalpronomens auszudrücken befähigt wurde.**

Die Annahme dieses Vorganges, mit wie manchem Kopfschütteln sie wohl auch in der Gelehrtenwelt aufgenommen werden mag**), erscheint geboten, wenn man eine Reihe auffallender beim Relativsatze zutage tretender Erscheinungen in befriedigender Weise erklären will, zunächst die von Diez, Gr. 1042, 4), angeführten Fälle, **wo diese Trennung noch stattfindet, und zwar ohne irgend welchen Grund stattfindet.** Bemerkenswert an den dort gegebenen Bsp. ist, dafs die für *que* mit dem Personalpronomen verlangte Relativkonstruktion eine schwerfällige sein würde und daher die ursprüngliche, gefälligere Ausdrucksweise beibehalten erscheint***), noch bemerkenswerter aber TCant. 118. 6: *li trei prelat qui mult lur pesa*, das das wirkliche Relativ zeigt, dessen Kasus durch das Personalpronomen **besonders aus-**

---

*) Vgl. das indeklinable angelsächs. Relativ *þe*, das ganz in der hier geschilderten Weise gebraucht wurde, s. Herrig, Arch. 60. 88; Grein, Beóvulf, p. 168.

**) Ich will hier gleich bemerken, dafs meine Erklärung der Doppelrelativsätze nicht auf dieser Konjektur, die ja angefochten werden mag, sondern auf den sprachlichen Erscheinungen fufst, die mich zu derselben veranlafst haben, dafs also das Ergebnis meiner Untersuchung von der Richtigkeit oder Unrichtigkeit dieser Konjektur durchaus unabhängig ist. Nur die Form derselben ist dadurch beeinflufst.

***) Dies ist aber nicht etwa Regel, da diese Auflösung sich auch beim Accusativ findet: C. N. 178. m.: *unas memorias que no las podré olvidar;* 180. u.: *pues el (estado) del matrimonio es ñudo que ne le desata sino la muerte;* 12. o.; 13. m.; 148. u.; 294. o. — A. D. 116. u.: *ademas me dió cartas para su embajador, que lo era en esta época A. S.;* 187. u.; 13. m.; 17. m.; 17. u. — Auffällig erscheint das Bsp. Cal. é D. 40ᵇ: *en casa de home que su mujer faga tuerto,* wozu Diez, l. c.: „*(al qual)*", das doch wohl „*del cual, cuya*" heifsen mufs, wenn das Bsp. überhaupt in die fragliche Rubrik gehört — in welche andre, wüste ich freilich nicht.

gedrückt ist*). Das Bsp. bildet gleichsam den Uebergang aus der ursprünglichen zur späteren Konstruktion. Diez führt nur ein altfr. Bsp. an, Trist. II. 98: *tels me tendra pur asoté ke plus de lu(i) serai sené*. Vgl. dazu A. C. 1189: *Cels alegeout, que je grevoie, Cels garissoit, que jes genoie* (vgl. ib. 1191: *jes = je les)*; 1307: *Aucune foiz est avenu, Que j'avoie aucun mort tenu Ceenz une piece deu jor, Qu'il n'i fesoit plus de sejor, Ainz le lessaie aler arriere*.

Dahin gehören auch die Fälle, wo nach negativem Hauptsatz das Relativ des von diesem durch Nebensätze getrennten Relativsatzes aufgelöst erscheint (vgl. dazu Diez, 1012. o.); B. f. 187. 41: *Il n'a çaiens Sarrasin ne Escler, Tant soit haut hom, se il li faisoit mel, Que il ne soit pendus et trainés;* 188. 31: *Car ne set prince dessi en oriant Dessi qu'en Acre ne desqu'en Bocidant, Tant que mers voist ne ciex acovetant, Que il ne soient desous li aclinant;* vgl. auch Jv. 341. 7. Im Acc. A. P. 4640: *Car il quident seürement, Ke il n'i ait un seul des XX, Nes le pior qui o ex vint, S'il trovast orains un de cex, Si fuscent cors à cors parex, K'il nel cuidast ocirre u prendre, Que ja ne se peüst desfendre*. Jv. 774. 3: *que je ne feisse ne ne deisse chose, se touz li mondes le savoit, que je ne l'osasse bien faire et dire*. — B. p. 47. 27: *No sai domna, volgues o no volgues, Sim volia, qu'amar no la pogues;* und im Possessivpronomen statt des Genetivs (ohne *que*) 5. 27: *Hanc no vist omne, ta grant onor agues, S'il forfez tan dont ellas rangures, Sos corps ni s'anma miga per ren guaris*. — Ferner ohne Personalpronomen B. f. 185. 12: *Dex ne fist feme, tant ait fait ses delis, Que, s'ele boit de l'aige un seul petit, Ne soit pucelle comme au jor que nasqui;* 185. 4: *Il n'est nus hom, qui de mere soit nes, Qui tant soit viés ne quenus ne mellés, Que se il puet el ruis ses mains*

---

*) Vgl. dazu C. L. 6582: *Car il n'a gent an mon hostel, An cui ge aie mule atandue, Que (A: qui) ja par aus soit desfandue La fontainne ne li perrons*. Das Bsp. ist auch sonst sehr beachtenswert, da es zeigt, dafs auch präpositionale Ausdrücke in die Konstruktion des regierenden Satzes eintreten können und dann im abhängigen doppelt, aber mit genauer Beziehung auf das eigentlich regierende Verb, gesetzt werden. Vgl. damit Fr. III. 187. 17: *et dont li rois d'E. fu depuis crouciés que on ne les avoit pris à raençon*.

laver, Que luès ne soit meschins et bacelers. — Im Dativ J. T. 162. 18: *ne ne fust nus hom, tant eust grant sens, s'il .I. petit l'esgardast a loisir, k'il ne li couvenist cangier son corage et iestre pensif.* — Neben dieser Konstruktion geht dann, ganz wie bei unsern Doppelsätzen, die relative her und zeigt, dafs wir es in den angeführten u. ä. Bsp. wirklich mit einer Auflösung des Relativs zu thun haben: Fr. I. 16. 29: *Et n'est nulz en Engl., tant soit nobles ne de grant afaire, qui l'ose couroucier;* III. 128. 3: *Et se n'i avoit prince ne baron, tant fust grans sires ne proçains de linage au duch de N., qui osast parler dou deslogier;* 174. 24. B. f. 184. 38: *Dex ne fist arbre qui peust fruit porter, Que il n'eust ens el tregiet planté;* Jv. 822. 7.

Dafs auch in dem eigentlichen Relativ diese Verschmelzung des Personalpronomens mit der allgemeinen Konjunktion *que* fortgefühlt und das Relativ in Gedanken in diese beiden Bestandteile zerlegt wurde, darauf scheinen die zahlreichen — ich möchte fast sagen, beliebten — Anakoluthe im Relativsatze hinzuweisen, die wohl nur auf diese Weise eine befriedigende und naturgemäfse Erklärung finden. A. C. 892: *Devant nos vos voion vis ci, Que morz, ce savon bien, veismes Et es sepulcres vos meismes;* 957: *Que n'est huens, qui peust escrire Ne cuer penser ne langue*) dire Joie, que mout ne fust graignor Cele qui nos vint del seignor;* 949: *D'enfer, ou nos peres gesoient, Et li seint prophete i estoient.* J. T. 176. 11: *Cele fait mout a blasmer . . . qui son cuer ne puet tenir en .I. talent, ains li plest . . .* 182. 3: *mesires . . . la qui seignourie court orendroit par tout le monde et la renomee de sa prouece;* Fr. II. 38. 7; vgl. J. T. 192. 14; 194. 5. Fr. I. 126. 19: *le roi de France, à cui il estoit devenus homs et entré en se feaulté;* 5. 3: *de tous les autres que je ne puis mies tous nommer, ne determiner leurs biens fais ne ramentevoir.* — Fr. I. 103. 21: *dou fil ce roy R., qui fu rois d'E. . . ., et le clamoit on le roy D.* (Ill. 114. 1). — A. P. 558: *Gavain misent en tel randon Qu'il ne se peut desfendre d'ex, Qui**) erent .III. et il ert sex, Et s'estoit cascuns bien*

---

*) Allenfalls auch als Ellipse zu erklären.
**) Man denke sich nur *qu'il* statt *qui*, und das Anakoluth ist beseitigt — ebenso in den übrigen Fällen.

armés. J. T. 177. 16: *si comme Pyramus, ki s'ocist pour Tysbe, et Tysbe autresi por Pyramon.* Fr. I. 136. 26: *li Englès, qui estoient en grant(soucy) de yaus assallir, et cil de deffendre, criièrent* ... (11. 24); II. 127. 31: *Chil del chastiel qui durement estoient travilliet, et si y avoit grant fuison de bleciés, veirent* ... — Ital. B. D. 158. m.: *ma pur, sì come quella che era d'alto ingegno, et Amor la faceva vie più, s'ebbe pensato* ... 159. m.: *il quale* ... *non solamente è magagnato, ma egli è tutto fracido;* 67. o.: *(alla moglie,) la quale è una vecchia picchiapetto, spigolistra, et ha da lui ciò che ella vuole, e tien la cara come si dee tener moglie;* 223. u. — 228. u.: *Br. e B., la compagnia de'quali era continua, et eran suoi vicini.* — Span. C. N. 132. u.: *Js., la cual* ... *conoció á sus padres, y sus padres á ella:* 298. m.: *por no dar cuenta á ningun pariente ni amigo mio, de quien no espero sino consejos y disuasiones, y de vos puedo esperar los que sean buenos y honrosos.*

Wenn die vorstehenden Bsp. zeigen, dafs bei relativer Unterordnung mehrerer koordinierter Sätze die Anlehnung eines im ersten Satze enthaltenen Nominalbegriffs hinreichte, wobei aus dem so entstehenden Relativ die satzknüpfende Konjunktion allein für die folgenden Sätze ergänzt wurde, so dafs nur uns, die wir eine solche Zerlegung des Relativs nicht kennen, diese Sätze als Anakoluthe erscheinen, so zeigen andre Bsp. hinwieder einen Pleonasmus, indem zu dem Relativ in dem durch die Konstruktion verlangten Kasus noch das Personalpronomen im gleichen Kasus tritt, ein Pleonasmus, der gleichfalls als ein Ueberrest aus jener Uebergangsperiode zu betrachten sein dürfte: B. f. 25. 21: *De la viande qui del herberc li vient Tant en retient dont son cors en**) *sostient* (vgl. dazu 22. 13). — A. C. 1127: *La seinte predication Sera la douce uencion, Donc les genz del siecle en oindra Et arriere a Deu les joindra;* und 1087: *Pere, dist Seth, tu m'envoias La ou tu diz et m'enproias (= m'en proias?), Que Dieu por ta sante proiasse Et que le raim te porchaçasse; Donc oindre voloies ton cors De l'uile, qu'en traisses hors,* wo es fast scheinen möchte, als gehöre *donc* logisch in den

---

*) Noch bei Rabelais, s. Mätzn., Synt. II. 233, u. Fr. II. 47. 17; 76. 29; III. 178. 31.

zweiten Relativsatz und sei hier durch *en* wieder aufgenommen.*) — B. D. 93. o.: *delle novelle delle quali io m'avea pensato di doverne una dire.* Vgl. übrigens damit Diez, Gr. 808 f.

Diesem Pleonasmus stehen andre Fälle gegenüber, in denen das einfache *que* (die Konjunktion) zum Ausdrucke der relativen Beziehung genügte, zunächst Fälle wie C. N. 164. m.: *dos hombres, que el uno era portugues;* 47. u.: *los poetas de la ciudad, que hay algunos y muy buenos***) — die gleichfalls ihre einfachste Erklärung durch meine Hypothese finden. Analysieren wir einmal die letztere Stelle. Der Satz: *Hay algunos poetas y muy buenos en la ciudad* — wird mit der Konjunktion *que* an das quantitativ verschiedene (*todos*) *los poetas de la ciudad* lose angelehnt, wobei die gemeinsamen Satzteile (*poetas, en la ciudad*) aus dem Vorhergehenden, wie gewöhnlich, ergänzt werden, die quantitative Differenz***) aber zwischen *algunos* und (*todos*) *los poetas* (vorher *dos* und *el uno*) durch „*de ellos*" nicht besonders ausgedrückt wird, da sie sich genugsam aus „*algunos*" („*el uno*") ergiebt†), wie ja Selbstverständliches in der die Kürze liebenden Sprache überhaupt unausgedrückt bleibt††). In ganz gleicher Weise erklären sich auch Stellen wie (ZfrPh. II. 563. o.): *D'une damoisele vos veul Conter, c'onques ne virent oeul Plus bele riens* (scil. „*qu'ele*", das unausgedrückt bleibt, weil es sich leichtlich aus

---

*) Denn aus der relativen Verbindung losgelöst würde der Satz doch wohl heifsen: *Oindre voloies ton cors de l'uile que traisses hors del raim.* Eine andre Erklärung ist freilich auch möglich, vgl. dazu Anm. ***).

**) S. zwei weitere Bsp. bei Diez, Gr. 1031. u. (unter 3).

***) Diese Differenz kommt ja auch sonst unter Umständen nicht zum Ausdruck; vgl. Fr. II. 163. 9: *Et montèrent ossi ses gens, qui peurent recouvrer de chevaus; et qui ne peurent, il se partirent tout à pied;* III. 162. 29: *et se partirent, qui partir s'en peut, dou dit passage.*

†) Vgl. p. 2: *les bestes que — qui — que.*

††) Ich erinnere nur an die 11. Strophe von Schiller's Bürgschaft, die ohne Ergänzung der unausgedrückten vermittelnden Zwischenhandlungen das drolligste psychologische Rätsel abgiebt.

dem Zusammenhange ergiebt.)*) Solche Konstruktionen aber von der heutigen regulären Relativkonstruktion ausgehend erklären zu wollen, ist meiner Ansicht nach verlorene Mühe. Vgl. damit Trist. II. 98 (s. p. 18), A. C. 957 (s. p. 19) und C. L. 1144: *Vint une des plus beles dames, C'onques veist riens terriene De si tres bele crestiene* (sc. *qu'ele*). Vh. 263. 7: *en fu menez ... el richè palais de B., que onques plus riches ne fu veuz.* Wir werden also in solchen Konstruktionen gar keine eigentlichen Relativsätze, sondern nur mit der „Generalkonjunktion" *que* in ursprünglichster Weise subordinierte Nebensätze zu sehen haben, deren Verbindung mit dem regierenden Satze zwar ideell, nicht aber auch — da ja das bindende Satzglied, das Personalpronomen, als selbstverständlich unterdrückt ist — grammatisch eine relative ist.

Ganz ebenso verhält es sich mit den Fällen, in denen einfaches *que* steht, wenn das Relativ in den Kasus des Korrelats treten müfste, s. Diez, Gr. 1041 f., der (1042, Anm. 1) dazu bemerkt: „Geht ein Demonstrativ dem Relativpronomen unmittelbar voraus, so kann es sein, dafs beide sich zu einem auch durch das Relativ allein auszudrückenden Begriffe vereinigen, d. h. dafs sie complexiv sind. Hier bedarf es keiner Erklärung durch eine Praep. Bsp. It. *in farmi dilettare di quello che egli si diletta* (so viel als *dilettare di che egli s. d.*) Dec. 5. 10."**) Komplexiv in gewissem Sinne ist diese Konstruktion nun freilich, aber doch wohl nicht in dem von Diez gewollten, der, scheint es, die Identität dieser Konstruktion mit der von ihm p. 1041, 2) und 3) mit Bsp. belegten gleichen Konstruktion, in der statt des Demonstrativs ein Substantiv steht, und deren Grund übersieht, weil er sie mit der von mir p. 21 f. besprochenen, ganz verschiedenen zusammengeworfen hat. Nehmen wir ein Bsp. der erwähnten Art (s. andre bei

---

*) Diese Ellipse ist auch sonst eine ganz gebräuchliche; vgl. C. L. 1099 (s. später); J. T. 182. 14; Vh. 29. 1; 56. 4 u. 7; 76. 3; 77. 3; 120. 3; 128. 9; 157. 3; 183. 5; 185. 5; 192. 3; 209. 4; 419. 6; 420. 5; 460. 8; Jv. 352. 9; 522. 4; Fr. II. 50. 16; 78. 26.

**) Span. Bsp. s. Diez, l. c.; ferner C. N. 119. o.; 277. m.; 298. o. Weitere ital. B. D. 61. m.; 124. u.; 161. m.

Diez, p. c.)*) aus B. f. 196. 34: *k'en cele mesure ke nos averons mesuriet, reserat mesuriet a nos*. Das nach meiner Hypothese für den Nebensatz zu ergänzende „*en ele*" (= *en cele mesure*) fällt fort, weil in beiden Sätzen in gleicher Form (gleichem Kasus) auftretend; vgl. Diez: *en l'estat qu'on doit venir*, Com. 1. 8; die Konstruktion**) ist unmöglich, wenn *l'estat* nicht die Präposition *en* vor sich hat, also beispielsweise im Nominativ oder Accusativ steht. Komplexiv also, wenn man es so nennen will, ist diese Konstruktion auch, indem regierender und regierter Satz das gleiche, nur einmal gesetzte Satzglied umfassen,***) aber durchaus nicht identisch mit jener von Diez ihr gleichgesetzten Substantivsatzkonstruktion. Denn bei letzterer kann das Verhältnis der Abhängigkeit des regierten Satzes vom Verbum des Hauptsatzes ein ganz andres sein, als das des Relativs in seinem Satze, es kann dasselbe ferner (durch Präpositionen) ausgedrückt sein oder auch unausgedrückt bleiben, während es bei der in Rede stehenden Konstruktion unumgängliches Erfordernis ist, daſs das korrelative Nomen oder Pronomen mit dem zu erwartenden Relativ in

---

*) Diese Konstruktionen zeigen im regierenden und regierten Satze entweder das gleiche Prädikat (s. Text; Vh. 280. 10: *que il les tendroit as us et as costumes que li empereeur Grieu les avoient tenuz;* Jv. 204. 1; 247. 4; 340. 1; 340. 5) oder ein synonymes (Jv. 571. 7: *et li Temples enterroit en la citei la droite voie que nous estiens venu;* 639. 4; Fr. I. 105. 1 u. 10), oder aber das gleiche Zeitwort ist zu ergänzen (Fr. I. 102. 1: *et le greveroit et porteroit damage en toutes les guises qu'il poroit* [sc. *le grever et porter damage*]; III. 18. 12; Jv. 310. 6). Die Konstruktion erstarrt zur bloſsen Konjunktion (s. eben Fr. I. 102. 1; Jv. 310. 6; Fr. I. 105. 8: *Si le reporterons ..., en tel manière que dit l'avés*, und sehr oft).

**) Nicht zu verwechseln mit dem *que* nach einem Begriff der Zeit, das als Temporalkonjunktion, nicht als Relativ, zu fassen ist.

***) Ganz ähnlich wie C. L. 1095: *Que dedanz celui troveroient, Que il por ocirre queroient*, wo *por ocirre* einem Nebensatz gleichkommt, beide Verba aber das gleiche Objekt *que* haben, s. später.

gleichem Kasus, bez. mit der gleichen Präposition*) auftritt.

Wenn nun alle diese Konstruktionen, in denen noch die allgemeine Konjunktion *que* auch zum Ausdrucke der relativen Beziehung eines Satzes auf ein Glied eines andern, und zwar mit oder ohne entsprechendes Personalpronomen diente, noch als Trümmer der früheren Ausdrucksweise neben der regelmäfsigen Relativkonstruktion, die sich bereits — ob erst unter römischem Einflusse? — in Zeiten entwickelte, aus denen uns Sprachdenkmäler nicht vorliegen, herlaufen und beredtes Zeugnis ablegen von der Ausdrucksweise einer vom Schleier des Geheimnisses umhüllten Zeit, so wäre es zu verwundern, wenn nun nicht die sich siegreich Bahn brechende eigentliche Relativkonstruktion in ihrem Siegeslaufe über ihr Ziel hinausgeschossen wäre und sich auch in Gebiete eingedrängt hätte, die ihr eigentlich nicht zukamen. Und in der That finden wir solche Uebergriffe des Relativs in Gebiete, in denen es nach unsrer Auffassung von demselben gar nichts zu suchen hatte, und zwar weist das Altfranzösische — was für unsre Untersuchung über die (afr.) Doppelrelativsätze, die ja gleichfalls ihre Entstehung einem solchen Uebergriffe zu verdanken haben sollen, von hoher Wichtigkeit ist — die meisten und kühnsten dieser Gebietsüberschreitungen auf.

So steht der Relativsatz statt eines **Subjektsatzes**: A. P. 6366: *Certes, fait il, c'est verités, Qui issi le vous creantai*, wo *qui* offenbar für die Konjunktion *que* mit dem Pronomen *je* steht, und zwar, was — abgesehen davon, dafs dies schwer zu erklärende *qui* sich nicht durch die beliebte Emendation (*qui = qu'i[l]*) ausmerzen läfst, weil es = *que je* ist — das wichtigste dabei ist, ohne dafs sich im regierenden Satze irgend ein Nomen fände, an das sich *qui* anlehnen könnte. Ebenso 4204: *Il n'est pas bien raisnable, Sire vassal! ne bien apris Qui* (= *que vous*) *si avés sor mon pais pris*

---

*) Dem scheint Jv. 171. 6: *et ou temps dou plus grant meschief que li os eust onques estei*, zu widersprechen — der Widerspruch ist aber auch nur ein scheinbarer; der Nebensatz bezieht sich nicht auf *dou plus grant meschief*, sondern auf *ou temps d. p. g. m.*

Mon mengier. Vgl. auch A. C. 859: *Quer bien sachiez de verite, Qu'o Jhesu sunt resuscite; Et qui es* (?) *sepucres ne sunt mie, Ainz sunt vis en Arimacie,* und 1722: *Verite et misericorde Li font, que de nos se racorde Et de ce qu'il avoet pramis, Or i pert, qui* (=qu'i?) *vos est amis.* In diesen Bsp. scheint ein Grund für relative Anknüpfung durchaus nicht vorzuliegen, da das Relativ durchaus keinen Bezug auf ein im regierenden Satze enthaltenes Nomen hat, so dafs nichts andres übrig bleibt als das Relativ als eine infolge blofser Vorliebe für diese Konstruktion vollzogene Kontraktion des Personalpronomens mit der Konjunktion *que* anzusehen. Ein eigentümliches Streiflicht werfen solche Konstruktionen auf jenes von den Grammatikern (s. Burg. I. 164) einem *si l'on* gleichgestellte *qui* (*Ne quit c'un sol mot responsist Qui en la place l'oceist.* Bcn. 16444 bei Bg. — B. p. 29. 31: *e sera ben grans folia qui nom crei* — B D. 64. o.: *un chiuso di tavole ..., da riporvi, chi avesse voluto, alcuna cosa*), welches gleichfalls als eine Kontraktion der Konjunktion *que* = *si* mit dem unbestimmten, einem Personalpronomen gleichkommenden *on* recht wohl aufgefafst werden könnte, obwohl für diese Sätze mehrere andre Erklärungen möglich sind (s. eine andre später).

Wie in den vorerwähnten Bsp. der Relativsatz in das Gebiet des **Subjekt-(Kasus-)satzes** hinübergreift, und zwar ohne erklärbare Berechtigung hinübergreift, so hat er sich auch im **Konsekutivsatz** ein gewisses Terrain annektiert. Diese Annexion scheint zunächst ihre volle Berechtigung zu haben in Bsp. wie C. L. 384: *Et si pant uns bacins de fer A une si longue chaainne, Qui dure jusqu'an la fontainne;* 5: *A cele feste, qui tant coste, Qu'an doit clamer la pantecoste.* Jv. 324. 10: *car il me donroit tel chose à boivre de quoy je seroie gueriz dedans dous jours;* 770. 7: *car ce est si grans chose ... que iex ne puet veoir, ne oreille oïr, ne lengue raconter.* A. C. 1366: *Qu'en enfer n'out si fort deable, Qui* (= *cui*) *la voiz n'esteust cramir.* J. T. 183. 2: *ke ... n'a maintenant dame de si grant seignourie ke* (= *ki A*) *mout ne peust iestre joians.* A. P. 3410: *Car tex VII XX li a donés Dont uns autres moult s'esmaiast Ki en tel guise li paiast;* 1170: *Il n'a si hardi cevalier El roiaume le roi Artur Qui fust mie bien aseür, S'il vous eüst trouvé isi;* 798.

A. C. 548: *Sor nos est chai tel flael*, **Donc** *nos james ne serons quites*. Prov. B. p. 240. 23: *Pres soi ses faillencha En tal bevolencha*, **Don** *ja nom partrai*. Der Vorgang scheint sehr einfach zu erklären. Nehmen wir das Bsp. C. L. 384: der Relativsatz lehnt sich an das Substantiv *chaainne*, ist also ein ganz gewöhnlicher Relativsatz. Nur schade, dafs dann das *si* keinen determinierenden Nebensatz hat, und dafs dieser, will man ihn ergänzen, kein andrer sein kann als eben der Relativsatz. *Une si longue chaainne, qui dure jusqu'an la fontainne* ist eben doch nichts andres als *une chaainne, (qui est) si longue qu'ele dure j. a. l. f.* (vgl. J. T. 161. 1: *et enmi le pis avoit une bende d'or si lee k'ele li couvroit tout le pis*; Fr. III. 94. 20; Jv. 315. 5). Der Satz wird also logisch als ein Konsekutivsatz im Gewande des Relativsatzes gefafst werden müssen, ebenso wie in den angeführten Bsp. C. L. 5 und B. p. 5. 1 (s. p. 28), die man als unverbundene, koordinierte Relativsätze, wie sie so häufig vorkommen, nur dann betrachten kann, wenn man die logische Subordination des zweiten Relativsatzes unter den ersten aufser acht lassen will. Wenn nun Bocc., Dec. II. 63. o., sagt: *perciò che egli non è alcun sì forbito, al quale io non ardisca di dire ciò che bisogna, nè sì duro o zotico, che io non ammorbidisca e rechilo a ciò che io vorrò*, so läfst sich die Anwendung der Relativsätze noch erklären, da sie an das nominale (für den zweiten Satz zu ergänzende) *alcun* angelehnt erscheinen können, ebenso J. T. 210. 6: *mais ains n'i ot si hardi* (sc. *home*), *ne chevalier ne siergant, ki se desroutast pour aler en fuerre;* 230. 18: *Dont n'i ot si hardi* (sc. *home*) *ke* (= *qui AS*) *bien ne vausist iestre aillours.* C. L. 1636: *Mes ja n'i aura si estout, Qui sor cheval monter en ost.* Vh. 181. 2; H. V. 517. 3; Fr. III. 10. 7; 16. 5; 66. 3; Vh. 128. 7: *Et sachiez que il n'i ot si hardi cui la chars ne fremist.* — Anders gestaltet sich die Sache in Fällen wie S. d. S. B.: *Qui est nuls de si dur cuer cui ainrme ne soit remise en ceste parole?* (cit. Bg. I. 160). J. T. 212. 1: *que nus ne soit si hardis k'il (AS qui) mesface* riens as citoains;* 69. 13: *ke nus ne fust si hardis ki deist quele part il deust tourner;* Fr. III. 146. 24 (Vh. 215. 10); J. T. 74. 9: *Mais ki est ore cius ki tant par est hardis*

---

*) Man beachte den Modus; vgl. Mätzn., Synt. II. 248, ε.

ki vous ossa abatre ou navrer? A. P. 592: *Ahi mors! tant par es vilaine, Qui* (= *que tu!*) *les bons prens tout à eslais, Et laisces vivre les mauvais,* und 669: *Et Gavains point tant son ceval Qui**) (= *bis er!!*) *fu de l'autre part d'un val* — und ebenso auch 5712: *Tant par vous voi prox et vaillant, Si ensegnié et si cortois, Car* (= *quare* = *ut ea re*) *je sai de voir, que li rois Le me rendra, se l'en priiés.* Jv. 630. 2: *li vens . . . leva si forz et si orribles, car il nous batoit à force sus l'ille de C.;* 764. 3 — Fr. III. 123. 8: *qu'il ne s'abandonnassent au deffendre si vassaument, par quoi cil de l'host peuissent riens gaegnier sus yaus.* So ist auch Jv. 224. 8: *Et il se deffendoient des Turs si vigoureusement,* (statt ;, wie es de Wailly setzt, der auch das folgende *car* irrtümlicherweise mit „*car*" wiedergiebt, was keinen rechten Sinn giebt) *car il furent loei de touz les preudomes* — aufzufassen. — Jv. 487. 3: *La maniere de lour vivre estoit teix, car il ne mangeoient point de pain, et vivoient de char et de lait.* Wahrscheinlich waren solche konsekutive Relativsätze, deren *car* später, da der Ursprung des Wortes vergessen war, = *que* aufgefaſst wurde, das ja in seiner Vieldeutigkeit auch einem *car* entsprach, oder — besser ausgedrückt — auch einen kausalen Nebensatz einleitete, die Veranlassung, daſs *car* in

---

*) Die Kommentatoren helfen sich über solche und andre *qui* meiner Ansicht nach zu leicht hinweg, indem sie *qui* = *qu'i* = *qu'il* setzen. Ob in dem vorliegenden und manchen andern Fällen *qui* wirklich = *qu'i* ist, will ich dahin gestellt sein lassen, wenn auch die andern Belegstellen die relative Natur auch des in Rede stehenden *qui* darzuthun geeignet sind, es würde mich aber ungemein freuen, wenn meine Untersuchung und diese Bemerkung Veranlassung gäben, daſs man diesen emendierenden Apostroph etwas weniger häufig anwendete, zumal dem „Wissenden" ja auch ein *qui* = *qu'i* leicht verständlich sein wird. Dies *qu'i* ist ja ein bequemes Mittel zur Umgehung vieler Schwierigkeiten, zur Ergründung der sprachlichen Erscheinungen aber trägt es entschieden sehr wenig bei, erschwert dieselbe vielmehr ganz ungemein. Gar manche Belegstelle ist mir durch die Möglichkeit dieser Deutung für meine Untersuchung wertlos geworden, bez. ich habe sie nur da verwenden können, wo mir andre, diese Deutung nicht zulassende Stellen als die eigentlichen Beweismittel zugebote standen (wie im letzten Abschnitte das Bsp. A. P. 592). Vgl. auch Vb. 310. 9 (*qu'i*) und die Anmerk. dazu.

seiner Bedeutung irrtümlicherweise der Konjunktion *que* überhaupt gleichgesetzt und demgemäfs verwendet wurde (vgl. Jv. 799. 3: *et lour dist car autant com Jonas fu ou ventre dou poisson, autretant seroit-il ou sepulchre* u. o.), wie ja auch *parquoi* (s. v.) zur Konjunktion wurde. — Prov. B. p. 5. 1: *et en Jhesu que ac t a n bo talent, c h i nos redems de so sang dolzament.* — In allen den angeführten Stellen ist die Anlehnung des Relativsatzes an den Nominalbegriff des (teilweise gar nicht gesetzten) Subjekts doch wohl ausgeschlossen, und es ergiebt sich aus ihnen die (auch von den zuvor besprochenen gültige) Thatsache, dafs der Relativsatz als Stellvertreter des Konsekutivsatzes (*qui* also auch hier = *que* mit dem Personalpronomen) fungiert, ohne dafs man dabei eine eigentlich attributive Beziehung des Relativs auf ein im regierenden Satze enthaltenes Nomen oder Pronomen als Erklärungsgrund annehmen dürfte, wie auch die ausnahmslose Nachstellung dieser Relativsätze ihre konsekutive oder wenigstens nicht eigentlich relative Natur erweist. Neben dieser Relativkonstruktion aber geht die regelmäfsige ganz gleichberechtigt her,*) so dafs diese Konsekutivsätze uns das beste Analogon bieten für unsre Doppelrelativsätze, in denen gleichfalls diese beiden Konstruktionen neben einander bestehen: J. T. 127. 19: *ke nus ne soit si hardis q u e il cors i face entierer.* Vh. 356. 7; Jv. 185. 2; 284. 1; 479. 7.— Vh. 144. 11: *ne soiez s i hardiz q u e vo s plus i revegniez;* Jv. 432. 9. — Fr. I. 110. 9: *et se . . . li rois D. . . . ne venoit là si fors que il levast le siège, il renderoient le cité.* C. L. 1039: *Covert d'une coute si riche, Qu'ainz n'ot t e l li dus d'Osteriche.* J. T. 167. 2: *ke tele est ke nus . . . ne s'em puet couvrir;* 182. 14: *pour iestre drue de si puissant prince k'en plus haut liu jou ne poroie m'amour asseoir* (sc. *k'en l ui*, s. p. 22*)); 218. 2: *cheirent grosses pieres cornues, teles ke cotes ne mantiaus ne dras ne lor porent riens valoir*

---

*) Diese ihre Gleichberechtigung oder vielmehr völlige Identität zeigt am besten Jv. 455. 7: *et apportez au roy tiex lettres et tiex joiaus . . ., dont li roys se tieingne apaiez et que il vous en sache bon grei.*

(sc. *contre eles,* wofür das Relativ recht wohl hätte eintreten können). Span. A. D. 111. u.: *que soy capaz de tal venganza que se horrorizará el mundo de ella.*

Wir gingen hier am besten zu einer Schlufsbesprechung unsrer Doppelrelativsätze über, da wir hier ein Analogon gefunden haben, das Licht verbreitet auch über die Natur des *qui* in letzteren. Allein da wir die Uebergriffe des Relativsatzes in das Gebiet andrer Nebensätze zu erörtern begonnen, Uebergriffe, in denen wir nichts weiter als Verschmelzungen der „Generalkonjunktion" *que* mit dem Personalpronomen sehen können, so dürfte es sich verlohnen, noch eine Reihe andrer romanischer Spracherscheinungen ins Auge zu fassen, die gleichfalls zur Illustration meiner Hypothese geeignet erscheinen. An die zuletzt besprochenen konsekutiven Relativsätze schliefsen sich da zunächst andre mit gleichfalls konsekutivem Sinne, aber ohne konsekutives Korrelat im regierenden Satze, weil der Nebensatz sich als Folge des ganzen Hauptsatzes darstellt. J. T. 214. 7: *P. li demanda k'il avoit trouvé ne gaagnie, ki si acouroit a eslais;* 229. 21: *ke poes vous quidier qui sain partes dou camp si vilainement?* 180. 20: *s'il avoit ire ne courous, k'i ensement aloit souspirant et pensant.* Fr. II. 79. 13: *dittes nous quel cose il vous fault, qui ensi fuiiés?* III. 144. 12: *Qui estes vous, signeur, qui me cognissiés?**) C. L. 8059: *Sire chevalier, que volez, Qui a tel besoing m'apelez?* (vgl. 610); 3525: *Que fais je, las, qui ne m'oci?* — Diese Sätze sind ihrem Sinne nach nahe verwandt mit den Kausalsätze vertretenden Relativsätzen. A. P. 5618: *Kar saciés que vous mespresistes, Ki desistes que c'ert Gavain;* 5644: *N'estes mie de grant savoir Ki vous vantastes de tel cose;* 852: *Li miens, fait G., que fera Qui ne connoist pas le pais?* 2628: *L'esprevier à disner enpris Ki d'oisiax moult petit savoie;* 3750: *Quant vint au mengier, Assis fui Ki du segnor estoie acointe, O sa fille ki moult fu cointe;* 4987: *Mais l'uevre est ja par tout seüe, Ki ne porroit estre teüe.* Jv. 772. 5: *Alez le veoir, qui ne le créez;* 601. 5: *vous ne vous devez pas*

---

*) Vgl. J. T. 194. 10: *que au port n'arivast barge ne nes ne nus vaissiaus ki fust encontre sa volente,* wo sich *ki* sicher nicht auf *vaissiaus* bezieht, sondern = *qu'il* (i. e. das Einlaufen in den Hafen) ist.

agenoillier, qui portés les reliques. J. T. 240. 10: *vostre dolante maisnie ke fera des ore mais, ke (AS qui) si remaint seule et desconseillie?* (s. andre Bsp. Mätzn., Synt. II. 247, ferner Vh. 272. 7; Fr. 1. 102. 8; III. 185. 11,*) und mit konzessivem Sinne III. 72. 17: *il me samble que vous ne m'avés fait maintenant point d'onneur ne de courtoisie, quant vous avés combatus vos ennemis sans moy, qui m'aviés mandé si acertes).* Bemerkenswert ist dabei, einmal dafs das Beziehungswort des Relativs gar nicht ausgedrückt zu sein braucht, dann dafs die nicht eigentlich relative Natur dieser Sätze sich auch hier wieder durch ihre Nachstellung kennzeichnet (in A. P. 3750 ist die Zwischenstellung durch den zu *sa fille* gehörigen eigentlichen Relativsatz veranlafst). Wie hier auch andre (heutige, bez. spätere) Konjunktionen als *que* mit dem Personalpronomen zum Relativ verschmolzen erscheinen, so finden sich auf der andern Seite auch Auflösungen des eigentlichen Relativs durch andre Konjunktionen und dienen zur Illustration dieses Vorganges. A. P. 3831: *Le fais d'armes que cil enprent, Quant amors le tient et esprent.* J. T. 183. 24: *car bien sachies ke li dame**) n'est mie courtoise, ains en doit mout iestre blasmee, quant elle lait l'amour d'un vaillant home . . .***)* Vgl. ferner Mätzn., Synt. II. 247, γ und 248, ε und ζ f.

Aber auch in andrer Weise ist der Relativsatz im Romanischen Vertreter andrer Nebensätze geworden, dadurch nämlich, dafs ein Glied des betreffenden Nebensatzes in den regierenden Satz hinübergezogen und von dem Verbum desselben abhängig gemacht wurde, an welches Glied sich dann der Relativsatz anlehnte.†) Solche Relativsätze vertreten zunächst Kasussätze: C. L. 3520: *Au revenir molt se blasma Del an, que trespasse avoit [= (de ce) que l'an avoit trespasse].* B. f. 354. 1: *grant joie a de Tybert qui estoit revenus.*

---

*) Vgl. Plaut. Poen. 5. 2. 71: *servum hercle te esse oportet et nequam et malum, hominem peregrinum atque advenam qui irrideas.*

**) Ganz allgemein gesprochen!

***) Vgl. damit das lateinische *si quis = qui* und *qui* hinwiederum *= si quis.*

†) Eine Auslese derartiger neufranz. Konstruktionen s. bei Ph. Plattner, Herrig's Arch. 64, p. 352 ff.

C. L. 1474: *De ce qu'ele plore, me duel, Ne de rien n'ai si grant destrece, Come de son vis, qu'ele blece**); 6471 : *Le servise, que me feistes Del jaiant, que vos occistes.* A. P. 576: *Ains avons le grant mautalent Del bon cheralier qui est mors;* 627. Vh. 398. 6; Fr. II. 14. 3; 65. 9; III. 64. 18. Jv. 634. 7: *Or li devons grei et grace rendre dou peril dont il nous a delivrez.* J. T. 212. 23: *Mout mena C. grant joie de ses homes, que (= qui?* vgl. p. 14) *sauvement estoient a lui revenut;* 120. 17: *auques estourdi dou dur cheoir que chascuns ot pris* (vgl. p. 34 f.). Fr. II. 115. 8: *ne vous desconfortés mies ne esbahissiés pour monsigneur que nous avons perdu.* Vgl. auch die Zwischenkonstruktion Fr. III. 7. 25: *estoient durement esmervilliet de leur contesse de ce que elle demoroit tant.* — Objektsatz: Jv. 72. 7: *il en y ot des barons qui requistrent à la royne granz terres que elle lour donnast;* vgl. 195. 1 u. B. f. 35. 29, s. p. 13 Anm. ***). Span. C. N. 276. u.: *tampoco puedo negar lo mucho que os debo.* — Auch der Subjektsatz (mit konditionalem Sinne)**) wird durch solche Relativsätze mit vorangestelltem Substantiv vertreten: Fr. III. 123. 11: *que assaut que il feissent ne leur profitoit riens.* A. P. 3796: *La joie que j'ai demenée Que veïstes premierement, Je vous di bien seürement, Ke ce est por cou que jou sai, Ke jou ja endroit le verrai.* Hier läfst sich *la joie* als Subjekt zu *est* auffassen, kaum möglich erscheint dies in Bsp. wie: *Vilains qui est cortois, c'est rage* (Rom. de la Rose, cit. Mätzn., Synt. II. 249). Zergliedern wir den interessanten Satz einmal. Parataktisch würde man etwa gesagt haben: *Uns vilains est cortois! c'est rage.* Hypotaktisch wurde dann daraus:

---
*) Das Bsp. zeigt ein Nebeneinander der gewöhnlichen und der Relativkonstruktion, wie wir es noch mehr finden werden — ein Beweis für die völlige Gleichwertigkeit beider Konstruktionen.
**) So auch der einem Vergleichungssatze entsprechende: J. T. 229. 1: *.I. tel tempiest ke ce sambloit ¦ uns grans orages ki descendist dou ciel.* Fr. III. 66. 18: *que ce sambloit effoudres qui descendist dou ciel;* vgl. Jv. 208. 5. Die regelmäfsige Konstruktion Jv. 314. 6: *que il sembloit que les estoiles dou ciel chéissent;* und beide neben einander 206. 4: *Il faisoit tel noise au venir, que il sembloit que ce fust la foudre dou ciel; il sembloit un dragon qui volast par l'air.*

que (si) uns vilains est cortois, c'est rage. Nun trat die (bereits nachgewiesene und noch weiter nachzuweisende) Vorliebe für den Relativsatz in Verbindung mit der gleichfalls besprochenen Neigung, ein nachdrücklich betontes (und später auch ein weniger betontes) Glied eines (Neben)satzes aus dem Rahmen des letzteren herauszuheben und ihm voranzustellen, hinzu, und so entstand zunächst: *(uns) vilains, que (si) il est c.* etc.,*) und für „*que il*" trat dann, an das Substantiv sich anlehnend, das **Relativ** ein. Dabei wurde aber nicht das Substantiv **allein** als Subjekt aufgefafst, sondern, der **Entstehung** der Redeweise entsprechend, **dieses mit dem zugehörigen Relativsatze**, was einem Subjektsatze gleichkam. Absolut aber, also im Nominativ, trat es auf, einmal weil es an die Spitze des Satzgefüges trat, dann aber, weil es sich so von dem Prädikate des Hauptsatzes weniger leicht abhängig machen liefs. Bei Nachstellung würde man wohl gesagt haben: *c'est rage de vilain qui est cortois;* so Jv. 297. 7: *et lour dis que vileinne chose estoit de chevaliers et de gentiz homes qui parloient tandis que l'on chantoit la messe.* Auch diese Konstruktion bietet wieder eine bemerkenswerte Parallele dar zu den p. 25 bereits berührten absoluten substantivischen Relativsätzen *(que = si l'on****).* Nehmen wir ein Bsp. und zergliedern es in gleicher Weise. J. T. 112. 3: *car ki bien veut esgarder a raison, mout vaut miex uns preudom vilains que uns gentius mauves.* Aus *que (si) l'on* (= *l'homme*) konnte durch Vorausstellung des Substantivs *l'homme* werden: *l'homme, que (si) il* — und daraus *l'homme qui,* für *l'homme qui* (= *cius qui*) aber wäre dann, wie sonst auch, das substantivische Relativpronomen eingetreten, wie diese Sätze denn auch mit den substantivierten Adjektivsätzen die Freiheit der Stellung gemein haben.

*) Vgl. B. D. I. 68 o.: *o vero o non vero che si fosse, morendo egli, adivenne ... (che* Konj.), und J. T. 192.4: *Cesar, ki n'estoit mie garnis de desfendre, s'il se doute de l'assaut, ce n'est mie de mierveille.*

**) Vgl. Diez, Gr. 1045; H. V. 513. 7: *Car ki piert un si preudome comme il est, chou est damages sans restorer;* 564. 4; 578. 6; 662. 3. — Fr. III. 160. 11: *il n'euist mies estet si liés qui li euist donné vingt mil escus.*

In gleicher Weise ferner vertreten derartige Relativsätze Kausalsätze: J. T. 138. 8: *et pour le paour k'il en ont* (= *pour cou k'il en ont paour) ils sont retournet arriere, ke mius mius, pour cou k'il redoutent c'on ne face cou meismes d'eus et encore pis asses;* 139. 8: *que cius est faus ki moustre orgueil pour hounour, pour pooir, pour force ne pour seignourie k'il ait en cest siecle;* 140. 2: *et pour le paour k'il avoit dou roy Th. si n'osoit mie le cors entierer apiertement;* 141. 10: *et haoit si C. pour le francisse des Roumains k'il voloit abatre et abatoit a son pooir;* Vh. 50. 6; 68. 6; 79. 2; 273. 3; 434. 2; H. V. 680. 4; Jv. 121. 3; 159. 2; 210. 3; 323. 2; 400. 9; 489. 9; 502. 7; Fr. I. 39. 9; 40. 3; 75. 26; II. 141. 6; 161. 25; III. 67. 20; 72. 4; 182. 20. — Jv. 26. 1: *Je n'os parler à vous pour le soutil senz dont vous estes, de chose qui touche à Dieu;* Fr. I. 75. 19: *Car ... faire ne se poroit, pour le linage de France dont il estoient moult prochain.* Vgl. Jv. 534. 2: *il lour sembloit que il ne se deust pas longuement tenir, à sa gent que il avoit perduc.* It. B. D. 90. m.: *nelle braccia di L., nelle quali io sono, per buono e per perfetto amore che io gli porto, molte volte stata.* Treffen diese Relativsätze zusammen mit dem p. 19 f. besprochenen Anakoluth, wie C. L. 3396: *Mes sire Yvains por verite Set, que li lyons le mercie Et que devant lui s'umilie Por le serpant, que il a mort* (= *por ce que il a le serpant mort) Et lui delivre de la mort,* so deuten solche Stellen hin auf eine vollkommene ideelle Verschmelzung und Gleichschätzung solcher Relativsätze mit einem Kausalsatze (s. ähnliche Bsp. p. 36).

Auch der Konditionalsatz hat seinen derartigen relativen Vertreter: J. T. 130. 2: *Et d'autre part il n'apartient point a haute dame k'ele demaint dol pour nule mescheance k'ele a son seignour voie avenir.* Span. C. N. 5. m.: *Para papel siquiera que me dé la s. P. ... estaré contento.* So auch der Konzessivsatz: J. T. 171. 10: *k'il ne se despoire de s'amour fors a raison por mal ne pour courous de s'amie ne pour dangier qu'il l'en couviegne souffrir.* Jv. 43. 4: *que, pour mort ne pour meschief qui avenist au cors, que nous n'aiens nulle volentei d'aler encontre;* 56. 3; 105. 3; 536. 5; Vh. 63. 2: *ne já, par pooir que nos aions, recovrée ne sera;* 536. 8. — H. V. 582. 7: *Ne por destreche ke vous saciés en lui, ne le destraigniés onkes de plait;* 603. 10; 622. 8; Fr. I. 39. 8; 101. 7; 104. 25; II. 89. 22. — H. V. 612. 3: *ke por nulle ensegne ke je li mange, ne pour nulle lettre, ke il ne renge le castiel.* Span. A. D. 16. o.: *yo ... me he decidido, por mas repugnancia que me cause el suicidio, á poner término á mis dias con mi propia mano;* 116. o.: *Por mas pesar que debiese causarme este accidente estaba muy contento de él.* Ital. B. D. 64. u.: *ma quegli ... per cosa che E. dicesse non si movea;* 105. m.: *la vostra brigata ..., per cosa che detta ci si sia, non mi pare che in atto alcuno si sia maculata.*

In gleicher Weise wird ferner der die Gleichzeitigkeit (bez. den näheren Umstand) ausdrückende Temporalsatz durch unsre Relativsätze ersetzt: A. P. 1393: *Au caoir que l'aversier fist, Et au grant branle que il prist, Est le hiaume en terre ferus;* dosg. 2337. J. T. 99. 8: *et a l'abaissier k'il fist li sans li saut a grant randon parmi le plaie de l'oel;* 115. 13: *et au trespasser que C. fait il dist au chevalier ...* Jv. 140. 1; 221. 4; 353. 2; 577. 1. (Vgl. dazu J. T. 120. 15: *Et au parhurter il se sont entreabatut;* 120. 17 und Jv. 231. 8: *A l'esmouvoir l'ost le roy.*). Solche Bsp. sind für unsre Untersuchung besonders instruktiv, indem sie zeigen, dafs man der beliebten Konstruktion zuliebe sich dazu verstand, auch das Verbum substantiviert in den regierenden Satz zu ziehen und das nun im abhängigen Satze fehlende Verb durch ein einigermafsen passendes Hilfsverb zu umschreiben, während es sonst wohl niemand eingefallen wäre, das Verb *caoir* etc. mit *faire, prendre un caoir* u. s. w. zu umschreiben. Noch weit interessanter aber und für unsre Untersuchung wichtiger sind andre Bsp. dieser Art, die ein Hyperbaton zeigen, wie Jv. 174. 4: *et au partir que il fist de son paveillon touz seux, toute sa mesnie escria ...;* 201. 4: *A l'assembler que li roys de S. fist aus Turs;* 442. 2: *Au partir que il firent d'Acre;* 493. 4: *au venir que il fist vers le roy;* 497. 7: *au penre congié que il fesoit à aus;* 623. 6: *au froter que nostre ncis avoit fait ou sablon;* 639. 5: *Au requeillir que nous feismes en notre nef;* 7. 2; 14. 8; 175. 2; 391. 3; vgl. Fr. III. 62. 7: *Au retour que li contes D. fist en le cité de B.* Wenn diese Bsp. noch einen Zweifel daran bestehen lassen könnten, dafs die adverbialen Bestimmungen des Relativsatzes nicht von dem Hülfsverb des letzteren, sondern von dem vorangestellten Infinitiv regiert werden, so hebt diesen Jv. 432. 5: *au tourner que je fiz ma teste, la mains le roy me chéi parmi le visaige* — und wenr. es noch eines Beweises bedürfte, dafs wir es hier wie in den übrigen besprochenen Fällen wirklich mit einer Protraktion à tout prix zu thun haben — hier hätten wir ihn. — Die Sätze sind eben, wie auch die Stellung zeigt, nichts weiter als nachdrückliche Umschreibungen des Gerundiums (= *en cheant* etc.*)

Wie in den berührten Fällen derartige Relativsätze sonst mit Konjunktionen eingeleitete Nebensätze vertreten, so auch indirekte Fragesätze. J. T. 129. 16: *Et quant P. voit le dol ke li dame demenoit pour lui;* 244. 17: *C. lor a contees ses batailles . . . et tous les princes et les barons k'il avoit mis desous lui.* Jv. 673. 4: *et nous dist en riant le tourment que il avoit eu aus prelas;* 348. 4; Vh. 38. 4; 364. 6; Fr. III. 64. 8 — 140. 10: *ne il n'est homs vivans qui poroit croire ne penser le grant avoir qui là fu gaagniés et robés, et le grant fuison de bons draps qu'il y trouvèrent.* Ital. B. D. 229. o.: *gli disse la maraviglia che egli si faceva***) *di lui e di B., che, essendo poveri uomini, così lietamente niveano.* — Span. C. N. 280. m.: *no porque no entienda lo mucho que en obedeceros gano;* 50. u.: *no ignoras el deseo encendido que tengo de no morir en este estado que parece que profeso (?).* A. D. 157. m.: *Todos saben la reaccion que esta muerte causó.* — Prov. B. p. 236. 5: *Ben avetz entendutz los mals qu' en B. de B. remembret quel reis d'A. avia faitz de lui e d'autrui.* Und mit der regelmäfsigen Konstruktion — wie wir es zu

---

*) Eine andre Art der Umschreibung desselben zeigen Bsp. wie Fr. III. 133. 9: *et, dou premier piet qu'il mist sus terre, il chei si roidement que . . .* Auch andre Temporalsätze treten in der in Rede stehenden Form auf; H. V. 578. 6: *après si grans travaus ke vos sarés ke nos i avons eus.*

**) Gleichfalls die eben erwähnte Umschreibung dem Relativ zuliebe (= wie sehr er sich wundere, dafs er und B. etc.; vgl. zu letzterem p. 13 f.).

benennen belieben, anakoluthisch — vermischt A. P. 974: *Sire fait il or escoutés, Par quel forfait et par quel tort* (sc. *il est mort*) *Et l'ocoison dont il est mort.* Jv. 822. 1: *se nous conoissiens bien comment nous sommes desouz les piez Jhesu Crist, et lou grant pooir qu'il a sor nous.* Vh. 187. 1: *tu vois le servise que nos avons fait à ton fil, et conbien nos li avons sa convenance tenue.* Fr. II. 92. 16; I. 96. 18: *Li rois . . . l'en recorda assés et dou grant estat qu'il avoit trouvet, et comment on l'avoit recueilliet . . .* III. 61. 17: *Quant cil de L. veirent assegie leur ville, et le grant effort que li contes D. menoit, et comment tous li pays se rendoit à lui. . . .*

Auch eine andre Art von Sätzen, deren Erklärung auf den ersten Blick äuſserst einfach erscheint, dürfte der erwähnten doppelten Vorliebe, einmal für das Relativ, dann für die in Rede stehende Protraktion, ihre Entstehung zu verdanken haben: ich meine die auf ein Nomen, das von einem „siehe da" abhängig ist, bezüglichen Relativsätze, wie J. T. 214. 14: *a tant esvos Cesar, qui venoit a espourons apries eus.**) Sie lassen sich ja, wie gesagt, ganz einfach erklären, auch ohne daſs man jene doppelte Vorliebe als Erklärungsgrund anzunehmen genötigt wäre. Allein dann erscheint die durch das „siehe da" postulirte Aufmerksamkeit auf das vorangestellte Nomen konzentriert, die von diesem ausgehende Handlung aber durch die Form in den Hintergrund gedrängt, während doch der Sinn einen mindestens ebenso hohen Grad von Aufmerksamkeit für die Handlung wie für deren Träger beansprucht. So wird in unserm Bsp., um das Gesagte an demselben zu veranschaulichen, die Aufmerksamkeit nicht auf „Caesar schlechthin", sondern auf den „hinterdreinsprengenden Caesar" gelenkt, und gerade sein Eingreifen in die Action ist das wichtige Moment, auf das durch „*esvos*" — dem Zusammenhange nach — besonders aufmerksam gemacht werden soll, was aber durch die Form der Darstellung, die Caesar und nicht seine That in den Vordergrund stellt, keineswegs geschieht. Die natür-

---

*) Weitere Bsp. erscheinen bei der Häufigkeit der Konstruktion überflüssig; vgl. Burg., Gr. II. 286 f. und H. V. 666. 1; Jv. 239. 3; Fr. III. 8. 12.

liche, weil Subjekt und Prädikat gleichmäfsig heraushebende Konstruktion wäre nicht die gewählte, sondern ein von *esvos* abhängiger Objektsatz gewesen, in dem *Cesar* Subjekt, *venir a espourons* Prädikat war. Letztere Konstruktion aber — ich vermag nicht zu entscheiden, welche von beiden die häufigere ist, was auch für unsre Frage ganz bedeutungslos ist — geht neben der angezogenen her und zeigt uns den Weg, auf dem diese — in ganz gleicher Weise wie die zuvor besprochenen Konstruktionen — hat entstehen können: A. P. 4776: *Este vous que du bos issi Cadrovain le rox qui venoit Si durement com il pooit;* 5504: *Estes vous qu'Espinogres vient;* 3590: *Es vous que del bois lor descuerre Un chevalier en une lande.* Burg., Gr. II. 286: *Ekevos ke cist vient saillanz ens montaignes* (S. d. S. p. 528). — Span. C. N. 144. o.: *mira que yo soy R., tu esposo;* 13. m.: *mira que dices cosas, que no las* (s. v.) *dirá un colegial de Salamanca;* 14. m. Daneben findet sich die parataktische Ausdrucksweise: Burg., Gr. II. 286: *Eykevos cist vient saillanz ens montaignes* (S. d. S. p. 528); *Cykevos uns bers vient (Ib. ead.); Ellevos li Sires passet, granz espirs et forz, abatanz les monz* (M. v. J. p. 487); *E estelevus Deu ad dune l'esperit de mencunge à tuz tes prophetes ki ci sunt* (Q. L. d. R. III, p. 337); *Estlesvuz li fiz le rei entrerent* (Ib. II, p. 167). — Mit diesen Konstruktionen gleichwertig erscheinen die des Acc. oder Nomin. mit dem Inf. oder Particip: J. T. 220. 7: *Seignour, vees ci venir Anthone;* 223. 1. H. V. 518. 4: *à tant es vous venir sur aus B. et C.;* 619. 1. Burg., Gr. II. 287: *Voizci sor toi venir la gent al aversier* (Ch. d. S. II, p. 22). *Encore parlevet cil et ellevos uns altres entranz enz* (M. v. J. p. 502); *A ces paroles eisvos poignant Alier Et Anseis . . .* (O. d. D. v. 10048. 9). Fr. III. 69. 21: *Evous les Englès venant frapant en celle host* — II. 78. 3: *E vous les François soudainnement venus sus yaus.* Bg. l. c.: *Estesvous venu j. message* (R. d. M. v. 1828); *Esteslesvos venuz au chaple demanois* (Ch. d. S. II, p. 161) [*Vescha mon frere en dolerous peril* (O. d. D. v. 7127)]. A. P. 6424: *Vés-la sor la mule montée.* — In allen diesen Konstruktionen kommen die Handlung und ihr Träger zu gleichmäfsiger Geltung,*) in den erwähnten Relativsätzen allein dagegen tritt die Handlung gegen ihren Träger formell in den Hintergrund, während dies ideell doch keineswegs der Fall ist — was darauf hinzudeuten scheint, dafs wir den Entstehungsgrund auch für diese Relativkonstruktion wiederum in der Vorliebe für diese verbunden mit der für die Hinüberziehung bedeutsamer Satzglieder, vornehmlich des Subjektes, des abhängigen Satzes in den regierenden zu suchen haben.

Man könnte nun versucht sein, auch in Bsp. wie B. D. 65. o.: *ecco santa e buona donna che costei dee essere* das *che* in ganz gleicher Weise und ohne weiteres als Relativ zu fassen. Ein Vergleich aber mit ähnlichen Konstruktionen ohne *ecco,* wie B. D. 65. m.: *perfidissima e rea femina che ella dee essere;* 66. u., und besonders französischen wie: *malheureux que je suis* lehrt uns, wenn auch nicht, wie Diez, Gr. 1041, Anm., will, ohne weiteres, dafs wir es hier mit der Konjunktion *che (que)* zu thun haben, so doch, dafs die Sache hier etwas anders liegen mufs. Und dieser Unterschied liegt in der Natur des vorangestellten Nomens begründet. Gehen wir, dies klarzulegen, von der regelmäfsigen Konstruktion aus, in welcher der Satz lauten würde: *ecco che (come) costei dee essere santa e buona donna.* Wir sehen: das in den regierenden Satz gezogene *santa e buona donna* gehört dem abhängigen als Prädikativ an, nicht wie in den vorher besprochenen Bsp. als Subjekt. Dadurch werden zwei Erklärungen möglich. Entweder man nimmt an, dafs das dem Nebensatz entzogene Prädikativ nun in diesem durch das neutrale prädikative Pronomen (*lo,* frz. *le*), wenn auch nur in Gedanken, wieder aufgenommen und mit der Konjunktion *che (que)* zu dem gleichfalls neutral-prädikativen Relativpronomen *che (que)* verschmolzen wurde. Denn dieses, nicht *qui,* wie Diez l. c. meint, müfste die Form des hier verlangten prädikativen Relativs sein (vgl. Mätzn., Synt. I. 49 und Fr. III. 179. 27: *d'une puignie de gens que li Englès estoient;* 190. 29; 72. 4;

---

*) Vgl. die Gleichwertigkeit derselben Fr. III. 12. 6: *Quant cil chevalier ... veirent venus les Englès, et qu'il s'ordonnoient pour yaus assegier ...*

117. 25; Vh. 163. 11; Jv. 387. 10: *comme mes hom que vous estes;* 535. 5: *de vint-cinq mille que il estoient*), und wenn Diez l. c. aus dem *que* in: *malheureux que* (nicht *qui*, wie er anmerkt) *je suis* einen Schluſs auf den Gebrauch der Konjunktion in dieser Konstruktion zieht, so vermag ich ihm darin wenigstens durchaus nicht beizupflichten, wenn ich auch selbst, freilich aus einem andern Grunde, der Ansicht bin, daſs wir hier die Konjunktion vor uns haben. Wie ich nämlich noch bei den Doppelrelativsätzen, in denen das (im Accusativ stehende) Relativ des ersten Satzes zugleich Objekt des zweiten ist (s. diese), zeigen werde, kann ein zwei Sätzen gemeinsames, gleiches Satzglied, ohne durch das Pronomen wiederholt zu werden, für beide Sätze fungieren. Nun kann, je nach der von dem regierenden Verbalbegriff verlangten Konstruktion, das vorausgestellte Prädikativ bald in den Acc., bald in den Nom. (letzteres natürlich überall da, wo ein regierendes Verbum fehlt) treten. Nun ist aber das *lo (le)*, das hätte eingesetzt werden können, seiner Form nach ein Accusativ, konnte also grammatisch als mit dem im Accusativ voranstehenden Prädikativ in gleichem Kasus stehend angesehen werden, ideell aber ist es der prädikative Nominativ, für den die Sprache bei dem Personalpronomen, ebenso wie bei dem Relativ (s. v.), keine besondere Form gebildet hat und daher den stellvertretenden neutralen Accusativ setzt, konnte also logisch auch als mit einem vorangestellten Nominativ in gleichem Kasus stehend betrachtet werden, so daſs in beiden Fällen die Annahme einer Wiederholung desselben und sodann seiner Kontraktion mit der Konjunktion zum Relativ unnötig erscheint. Oder aber das prädikative Personalpronomen wurde — und dies ist die einfachere Erklärung — wie auch sonst so oft (vgl. Zfr. Ph. II. 554 f.), gar nicht wiederholt, und dann konnte erst recht eine Kontraktion nicht stattfinden. Alle diese Erklärungsmomente weisen uns also darauf hin, daſs wir es in den angeführten Bsp. nicht mit dem Relativ, sondern mit der Konjunktion *que* zu thun haben.

Wir haben im Vorhergehenden gesehen, einmal wie eine Reihe eigentümlicher und auf andre Weise kaum zu erklärender Erscheinungen beim Relativ dessen Entstehung aus der Verschmelzung des auf ein vorausgehendes Nomen bezüglichen

Personalpronomens mit der einfach subordinierenden Generalkonjunktion *que* wenn nicht apodiktisch beweisen, so doch zum
mindesten höchst wahrscheinlich machen, sodann dafs
das (also entstandene) Relativ weit über die ihm als solchem
gesetzten Schranken hinausschofs und sich zum gleich-
wertigen Stellvertreter einer Reihe andrer Nebensätze
— in der einen oder andern Form fast aller — empor-
schwang. Um nun auf die Doppelrelativsätze, von denen
wir ausgingen, zurückzukommen und das daraus für diese sich
ergebende Facit zu ziehen — was könnte uns abhalten, in dem
bei ihnen an zweiter Stelle auftretenden *qui* die gleiche Kontraktion des Personalpronomens mit der Konjunktion *que* zu
erblicken, wie wir sie im Laufe dieser Untersuchung verfolgt
haben? Wenn man sagen konnte: *c'est verites, Qui* (= *que
je*) *issi le vous creantai*, wo doch sicher für die relative Anknüpfung kein andrer Grund vorliegen konnte als eben die
Beliebtheit der Relativkonstruktion — um wie viel mehr mufste
man geneigt sein nun auch zu sagen (S. Thom. 4695, s. Tobl.,
l. c. 563. o.): *Ces qu'il sorent qui* (statt, wie Hippeau hat,
qu'il, das hier, und sehr oft, wegen des Gleichklanges mit dem
nur durch ein Wort getrennten ersten *qu'il* das Ohr belei-
digen mufste, s. ib. L. M. 359; Beaum. 18. 19 u. p. 8 f.)
voldrent en lealté ester, zumal hier für die Verschmelzung aufser
in dem oft lästigen Gleichklange auch darin ein Grund gefunden
werden konnte, dafs das mit der Konjunktion zu verschmelzende
Personalpronomen sich ja auf das vorangehende Relativ bezog, mit diesem also begrifflich identisch war. Man setzte
eben damit nur das dem Sinne nach dem abhängigen Satze ange-
hörige, aber in die Konstruktion des regierenden hineingezogene
Relativ noch einmal in dem ihm zukommenden Kasus — und
ich glaube, als etwas andres wird diese Konstruktion, bevor
Tobler seine Theorie veröffentlichte, kein unbefangener Sprach-
kenner aufgefafst haben, und Herr Prof. Tobler selbst mag
vordem (s. l. c., p. 563. m.) dieser Ansicht gewesen sein, hat
sie aber dann aufgegeben, weil ihm Konstruktionen mit *qu'il*
etc., wie ich sie p. 8 f. belegt, nicht bekannt waren. Diese
Konstruktion aber geht, wie gezeigt, neben der „doppelrelativen"
her in ganz gleicher Weise wie in den p. 25 ff. besprochenen und zum Teil viel schwerer zu erklä-

renden konsekutiven Relativsätzen, die das beste Analogon für unsre Konstruktion darbieten. Fragen wir uns nun, welche Vorteile denn diese Erklärungsweise vor der Tobler'schen voraus hat, so finden wir nur einen einzigen, aber dafür um so schwerer wiegenden, den nämlich, dafs sich alle Beispiele unsrer Konstruktion daraus ganz ungezwungen und ohne die auf jeden Fall bedenkliche Annahme einer „früh eingetretenen Entfernung von ihrem ursprünglichen Wesen" erklären lassen. Bsp. wie das bereits angeführte und nach Tobler gar nicht zu erklärende: *Ainc Sarrasin ne vi . . . Que miex vousisse, qui fust crestiennés*, und alle andern erklären sich daraus von selbst, besonders aber das bereits p. 2 berührte, R. Alix. 507. 3: *Les bestes que tu vois qui mostrent felonnie Et que l'une vers l'autre porte si grant envie.* Das *qui* ist = *qu'eles (i. e. les bestes)*, das letzte *que* aber ist nicht ein relatives Adverbium, wie Tobler meint, sondern die Konjunktion *que*, die mit einem pronominalen Subjekt nicht, wie zuvor, verschmelzen konnte, weil ja für den zweiten Satz nicht abermals *eles*, sondern, wie das Prädikat *(porte,* nicht *portent)* unwiderleglich zeigt, *l'une* Subjekt ist, das doch mit *que* unmöglich zum Relativ werden konnte (vgl. dazu p. 21, welche die weitere Erklärung des zweiten Satzes ergiebt). Gerade dieses Bsp., das sich nach der Tobler'schen Theorie wohl kaum erklären liefse (s. p. 2), liefert meiner Ansicht nach den besten, unwiderleglichsten Beweis für die Richtigkeit meiner Ansicht (wenn anders dies letzte *que* nicht nachträglich = *qui* erklärt werden soll).

Wir haben eben einen Fall kennen gelernt, wo der abhängige Satz mit der Konjunktion *que* eingeleitet war, weil das Subjekt desselben nicht ein Personalpronomen, sondern ein von dem Relativ des regierenden Satzes quantitativ verschiedenes Numeral *(l'une)* war. Wie verhält es sich nun in Fällen, wo im Altfranz. auch in späteren Zeiten noch das personalpronominale Subjekt unterdrückt wurde, so z. B. bei der Inversion des Prädikates mit seinem Prädikativ? Hier sind zwei Erklärungen, bez. Entwicklungsweisen möglich. Der Sinn verlangte natürlich immer die mentale Ergänzung des nicht gesetzten Pronomens, und in den ältesten Perioden des Altfranz. war es ja nur dies ergänzte Pronomen, welches mit der Konjunktion zum Relativ verschmolz. Als aber später das personalpronominale Subjekt nur in gewissen Fällen, z. B. bei der eben erwähnten Inversion, ausgelassen wurde, in dieser Zeit mufste sich, sollte man meinen, für die Doppelrelativsätze, in denen eine solche Inversion und damit bei anderweitiger Einfügung in die Periode Auslassung des pronominalen Subjektes stattfand, eine zwiefache Ausdrucksweise darbieten: entweder man ergänzte noch in Gedanken, wie früher auch, das Pronomen und liefs es mit der Konjunktion zum Relativ verschmelzen; man sagte demnach: *cels . . . que il veit Qui mestier ont* (L. Man. 359, s. Tobl., l. c. 563). Oder aber man unterdrückte nun in diesem Ausnahmefalle (dem nunmehrigen Sprachgebrauche entsprechend) auch beim Doppelrelativsatze den personalpronominalen Bestandteil des Relativs, so dafs nur die Konjunktion *que* übrig blieb. Letzteres ist nun durchaus nicht nötig, da ja, wie gesagt, die mentale Ergänzung des Pronomens zur Relativbildung genügte und jedenfalls auch in dieser späteren Periode noch genügte. Wenn ich nun trotzdem die Möglichkeit einer derartigen Weiterentwicklung unsrer Konstruktion aufstelle, so bezwecke ich damit zunächst weiter nichts als die Aufmerksamkeit auf diese Frage zu lenken, zu deren Lösung mir die Beweismittel abgehen. Veranlafst dazu aber werde ich durch zwei Stellen in J. T., die in diesem Falle *que*, und zwar in allen Hss., zeigen: 48. 18: *il fist garnir Marseille et le casticl de quanke il sot ke mestiers fu,* und 52. 8: *et furent les nes bien garnies de quank'il porent penser ke mestier lor peust avoir.**) Diese Stellen aber erheben freilich keinerlei Anspruch auf Beweiskraft, da in J. T. sehr häufig *que* für *qui* auftritt, freilich beim Doppelrelativsatze nur noch einmal und in einer Hs., wo ebenfalls dem Zeitwort ein Adverbial vorausgeht, 151. 14: *les choses greveuses ke jou sai ke (A S qui) en le tiere sont,* während sonst überall *qui* steht (66. 4; 66. 11; 79. 4; 147. 11).

Diese zweifelhaften Fälle leiten uns hinüber zu einer

---

*) Dagegen hat Jac. d. Forest an der gleichen Stelle: *de quanc'on puet penser Qui riens lor pueut aidier* . . . Vgl. dazu Vh. 195. 8: *ce que mestiers vos seroit,* und 310. 6: *totes choses qui mestier ont à cors d'ome.*

andern Konstruktion, bei der es gleichfalls zweifelhaft ist, ob wir das Relativ oder die Konjunktion vor uns haben, insoweit wenigstens zweifelhaft, als uns die gleichlautende Wortform zur Lösung der Frage keinerlei Anhalt bietet: zu den Doppelrelativsätzen, in denen das Relativ Objekt des zweiten Satzes ist (J. T. 154. 2: *la destrece ke je voi ke cist autre . . . vont souffrant*, andre Bsp. s. v.). Ist in dieser Konstruktion das zweite *que* Relativ oder Konjunktion? Ich glaube, das letztere — und zwar aus folgenden Gründen:

Dafs die französischen Grammatiker ausnahmelos den zweiten Satz in unsrer Konstruktion als Objektsatz auffassen (s. Plattner, Herr. 64. 359), ist zwar zunächst noch kein Beweis dafür, dafs wir wirklich einen Objektsatz vor uns haben, allein ihre Ansicht kann recht wohl andern Beweisgründen als Folio und Stütze dienen.

Zur Vergleichung mufs hier notwendig jene andre gleichfalls schon (p. 9 f.) erwähnte Konstruktion herangezogen werden, in welcher ein mit einer Präposition verbundenes Relativ oder ein relatives Adverbial des ersten Satzes nicht in dessen Konstruktion hineingezogen ist, sondern von dem Verbum des zweiten abhängt (A. C. 1207: *Mes de cest Jhesu me merveil, Contre qui diz que me apareil;* Courr. de Vaugelas I. 54: *Ce fut ce même défaut qui dicta le dialogue Sylvius ocreatus (Sylvius botté), dont on croit que Henry Estienne était l'auteur*, cit. Herr., Arch. 64. 357; s. andre neuere Bsp. ebend.).*) Hier kann man unmöglich in dem *que* des Nachsatzes ein Relativ erblicken wollen. Diese Konstruktion aber ist völlig identisch mit der zu besprechenden, nur dafs hier statt des adverbialen Relativs der Accusativ desselben steht. In beiden Fällen aber lag für die Einsetzung des Relativs ein Grund durchaus nicht vor, da in beiden das Relativ nicht in die Konstruktion des ersten Satzes hineingezogen wurde, sondern nur, seiner relativen Natur entsprechend, demselben — in losester oder gar keiner ideellen Verbindung mit ihm —

---

*) Die Konstruktion ist ciceronianisch, vgl. pro Balbo 13, 30: *defendo enim rem universam, nullam esse gentem ex omni regione terrarum neque tam dissidentem a populo Romano odio quodam atque discidio, neque tam fide benevolentiaque conjunctam, ex qua* (s. v.) *nobis interdictum sit, ne quem adsciscere civem aut civitate donare possimus.*

vorangestellt wurde. Man sagte also nicht, der Nominativ-konstruktion entsprechend: *De cest Jh. me merveil, que* (oder gar: *contre qui*) *diz que contre lui* (woraus dann durch die besprochene relative Kontraktion *contre qui* hätte werden können) *me apareil,* sondern eben: *contre qui diz que* (Konj.) *me apareil.* Und ganz ebenso sagte man auch nicht: *la destrece ke* (Objekt zu *voi) je voi ke* (Objekt zu *souffrant)* ... *cist autre* ... *vont souffrant,* sondern: *la destrece ke* (Objekt zu *souffrant) je voi ke* (Konj.) *cist autre* ... *vont souffrant.* Hier fiel eben der Grund weg, der bei der Nominativkonstruktion (wie ich sie der Kürze halber nennen will und bereits genannt habe) die Relativbildung veranlaßte, das unvermittelte Nebeneinander der Subjekte zweier verschiedener Sätze und nach Beseitigung dieser Kollision durch Hineinziehung des ersteren der beiden in die Konstruktion des übergeordneten Satzes die Wiederaufnahme des nunmehr im untergeordneten Satze fehlenden Subjektes durch das Personalpronomen, das mit der Konjunktion *que* zum Relativ verschmolz. Wir können also, wie bereits p. 9 ff. ausgeführt, in der Accusativ- und Adverbialkonstruktion die einfache, regelmäßige und natürliche, weil ohne jedes Hindernis vor sich gehende Verschmelzung zweier Sätze zu einem Satzganzen sehen, während wir in der Nominativ-konstruktion eine eigenartige Weiterentwicklung derselben, veranlaßt durch nur ihr eigne, ebenso eigenartige Nebenumstände, erblicken müssen. Wenn nun Plattner l. c. auch in der Accusativkonstruktion ein doppeltes Relativ erblicken will (während er natürlich bei der Adverbialkonstruktion das Vorliegen der Konjunktion zugiebt), so vermag ich ihm darin ebenso wenig beizupflichten, wie wenn ihm (p. 356) der zweite Relativsatz unter Einwirkung eines Particips entstanden scheint, welches für einen Infinitiv eintrat,*) und sich dann ausdrücklich gegen die Annahme verwahrt, als wolle er damit den „historischen Gang der Sache" oder den „sprachlichen Prozeß"

---

*) Er demonstriert dies an dem Bsp.: *Il se hâte de repartir pour Salon avant la mort de Henri II, qu'on dit qu'il avait prédite aussi bien que les troubles qui la suivirent,* dem zugrunde liegen soll: *la mort qu'on dit prédite par lui.*

angedeutet haben. Wie bei solchen Verklausulierungen noch von der **Einwirkung** eines Particips die Rede sein kann, eines Particips zudem, das erst die gelehrten Studien **späterer** Zeit in die Sprache einführten, ist mir unerfindlich. Auch der von ihm gegen das Vorhandensein der Konjunktion geltend gemachte Grund, „dafs in dem angeblichen Objektsatze sich nie ein *le, la, les* als Rückweis auf das vorausgehende *que* findet, was wenigstens in dem Falle eigentümlich wäre, wenn man dies *que* in der Bedeutung „in Bezug worauf" fassen wollte", ist hinfällig, da ja das erste *que* nicht als ein die ganze Periode anknüpfendes, relatives **Adverb***) (= in bezug worauf)**), sondern als das **directe Objekt** des **Verbums des zweiten Satzes** aufzufassen ist, ganz ebenso wie bei der Adverbialkonstruktion das relative Adverb des ersten Satzes ganz unzweifelhaft von einem Satzgliede des **zweiten** abhängig ist.***) Wie man aber hier nicht sagt: *Le lynx, dont*

---

*) Dafs dies nicht der Fall ist, zeigt H. V. 547. 3 (cit. p. 3).
) Selbst wenn letzteres der Fall wäre, d. h. also wenn das erste *que* in die Konstruktion des ersten der beiden Sätze hineingezogen wäre, so würden Bsp. wie C. L. 1095: *Que dedanz celui troveroient, Que il por ocirre queroient,* wo *que* gleichfalls als Objekt zu *queroient* und zu *ocirre* fungiert; Jv. 170. 5: *qui deussent garder le lour pour bien emploier;* 633. 6: *Quant la neis fu faite, la royne la m'envoia à J. pour faire conduire jusques à St-N.;* 665. 2: *A ce parlement, demanda li roys Th. ma dame Y. ... pour avoir à femme;* Fr. I. 20. 8; III. 182. 30 — B. p. 15. 23: *la óbra cosméi que tu mé donést que fáza (que* Obj. zu *donést* und *fáza); B. D. 215. u.: sieti pur di colui di cui stata se', se tu puoi, il quale, come io già odiai, così al presente amo* — hinreichende Analogieen zur Erklärung der Auslassung des Personalpronomens bieten. Ist doch nicht einmal die **Uebereinstimmung des Kasus bei solchen Ergänzungen erforderlich: Jv. 407. 1: *toutes les processions d'A. li vindrent à l'encontre recevoir jusques à la mer;* 210. 5: *que il se vouloit aler ferir ou feu pour estaindre;* 410. 7.: *ce qu'il me failli pour vestir et pour moy atourner;* Fr. III. 15. 6; 153. 29: *et leur coururent sus pour occire.*
***) Dafs das erste *que* aber **zugleich** auch als Objekt des Verbums des regierenden Satzes aufgefafst werden **konnte**, zeigt Jv. 665. 4: *pour l'amour que il orent veue que li roys m'avait moustrée,* wo mit demselben nicht allein *moustrée,* sondern auch *veue* kongruiert.

les anciens ont dit que la vue en (oder *sa vue*) *était assez perçante pour pénétrer les corps opaques* ... *est un animal fabuleux,* sondern ohne rückweisendes Pronomen: *que la vue était* etc. (Buffon), ganz ebenso wenig lag ein Grund vor, bei der Accusativkonstruktion das Relativ durch das Personalpronomen wieder aufzunehmen. Diese Wiederaufnahme würde sogar eine anakoluthische sein, die nur unter gewissen Umständen eintreten könnte (ein spanisches Bsp. und den Grund für das dortige Anakoluth s. p. 48).

Herr Prof. Tobler hat auf einen weiteren wichtigen Umstand hingewiesen, der die Annahme eines doppelten Relativs in der Accusativkonstruktion sehr bedenklich macht. Er sagt p. 566. u.: „Jedoch wenn dem so wäre" (d. h. nach seiner Auffassung, wenn wir es auch bei der Accusativkonstruktion mit an die Spitze gerückten Parenthesen zu thun, nach der meinigen, wenn wir in dem zweiten *que* ebenfalls das Relativ vor uns hätten, was für die zu ziehende Konsequenz auf eins hinausläuft), „so würde man an Stelle des zweiten *que,* welches dann Accusativ des Relativpronomens sein müfste, im Altfranzösischen wohl auch bisweilen *cui* finden, und davon sind mir keine Beispiele bekannt" — und mir gleichfalls nicht. Vgl. übrigens mit dieser Folgerung Tobler's die ganz analoge, die ich p. 3 gegen seine Auffassung der Nominativkonstruktion gezogen habe.

Ich habe im Anfange die spanische und italienische Nominativkonstruktion einfach in Parallele mit der französischen gezogen, teils um an den angeführten Beispielen zu zeigen, dafs diese Sprachen in der Behandlung dieser ganz ebenso verfahren wie bei der Accusativ- und Adverbialkonstruktion, teils auch weil mir in einzelnen Fällen so schlagende Beispiele aus dem Französischen nicht zur Hand waren und zum Teil vielleicht auch kaum gefunden werden. Haben wir es nun in diesen Sprachen bei der Nominativkonstruktion auch mit einem doppelten Relativ zu thun, ist also beispielsweise in C. N. 12. u.: *y considerad despacio la que viéredes que mas os convenga* das zweite *que* Nominativ des Relativs oder Konjunktion? Der Form ist hier nichts abzusehen, da sich der Nominativ des Relativs von seinem Accusativ und der Konjunktion in dieser nicht unterscheidet — ich glaube aber nicht fehlzugehen, wenn ich das *que (che)* in diesen Sprachen auch in der Nominativkonstruktion für die **Konjunktion** halte, also eine ganz gleiche Behandlung dieser und der Accusativ-, bez. Adverbialkonstruktion annehme. Dazu veranlassen mich folgende Gründe.

Im Altfranzösischen waren Nominativ und Accusativ nicht allein beim Pronomen, sondern auch beim Substantiv formell streng geschieden, zwei Nominative (Subjekte) nebeneinander mufsten also als unerträgliche Härte empfunden werden, für die man Abhilfe suchte. Anders im Spanischen und Italienischen. Hier war mit Ausnahme des Personalpronomens (im Italienischen immer, im Spanischen wenigstens bei Sachen, während bei Personen im Accusativ ein Kasuswechsel eintrat und für diesen der Dativ gesetzt wurde) Nominativ und Accusativ überall konform, die Kasusfunktion mufste also lediglich aus der Wortstellung oder auch nur aus dem Zusammenhange erkannt werden. Hier konnte ein Zusammentreffen zweier Nominative kaum etwas Auffallendes oder gar Anstöfsiges haben, da die Form die gleiche war, in welcher auch Accusativ und Nominativ gelegentlich neben einander traten. Wie weit man im Spanischen z. B. in der Zumutung an Leser, bez. Hörer, sich das Kasusverhältnis aus dem Zusammenhange zurechtzulegen, ging, zeigt recht drastisch eine Stelle aus Cervantes (C. N. 37. o.), die auch sonst für unsre Untersuchung illustrativ ist: *Tu nombre, ¡ oh Jitanilla! Causando asombro, espanto y maravilla, La fama yo quisiera Que le llevara hasta la octava esfera.* Hier steht **Objekt** und **Subjekt** des Nebensatzes (nur ersteres in dem abhängigen Satze, in welchen es gehört, durch das Personalpronomen **wieder aufgenommen**) dem Hauptsatze voran, und ebenso das Subjekt des letzteren **unmittelbar hinter** dem des abhängigen Satzes, während die Annahme einer Hineinziehung des Subjektes *la fama* in die Konstruktion des **regierenden** Satzes (als Accusativ) durch das vorangehende Objekt *tu nombre* doch wohl ausgeschlossen wird. Eine solche Hineinziehung, und schon der Gedanke daran, mufste um so ferner liegen, als eine **formelle** Aenderung durch dieselbe doch nicht erfolgen konnte. Aus demselben Grunde konnte es dem Spanier und Italiener, selbst wenn sie sich das Relativ als Accusativ in die Konstruktion des regierenden Satzes hineingezogen dachten,*) gar nicht in den Sinn kommen, nun ein Personalpronomen (im Nominativ) in den abhängigen Satz einzusetzen, das beide bis auf den heutigen Tag, ganz im Gegensatze zu dem Franzosen, nur im Falle nachdrücklicher Betonung setzen, und noch viel weniger, dieses mit der Konjunktion zum Relativ, das sich von jener der Form nach durchaus nicht unterscheidet, zu verschmelzen. Ein Beispiel aus neuerer Zeit (A. D. 135. u.) möge veranschaulichen, in welchem Falle der Spanier eine Wiederaufnahme des Relativs durch das Personalpronomen für erforderlich hält: *la [obra] hace . . . de un pedazo de mármol en bruto, olvidado hacia ya mucho tiempo, bosquejado por otro, y que nadie pensaba que se levantase, que se tallase, ni que se le diera animacion.***) Die ersten beiden abhängigen Sätze zeigen k e i n e Wiederaufnahme des Relativs durch das Personalpronomen, erst im d r i t t e n, wo statt des Nominativs der Dativ erforderlich wird, tritt auch zur Verdeutlichung der veränderten Satzbeziehung das Personalpronomen in dem nunmehr verlangten Kasus ein. Das Bsp. scheint auch für den Gebrauch der K o n j u n k t i o n im abhängigen Satze beweisend zu sein — man müfste denn ein sehr auffallendes, wenn auch im Spanischen nicht eben unmögliches Anakoluth, einen W e c h s e l nämlich zwischen der Relativ- und der Konjunktionalkonstruktion, annehmen wollen.

---

*) Dafs dies nicht ausgeschlossen ist, zeigt das (p. 4 bereits angeführte) Bsp., C. N. 118. o.: *mis padres de los cuales temo que . . . me han de negar el bien que tanto me importa,* wofür ebenso gut *los cuales* hätte stehen können.

**) Vgl. damit A. P. 3503: *Vous que n'avés pas vostre non, Bien sai que moult estes prodom, Et que forment vus doi amer,* sowie auch p. 9 *).

Anhang. Nachträglich gebe ich noch für diejenigen Leser, denen die neue Auflage von Diez nicht zur Hand ist, die Citate nach der 3. Aufl., III. B a n d: p. 1 u. 4*). 1009 = 336; p 11. 1113 u. p. 12. 1114 = 476; p. 14. 1050 = 391; p. 17. 1042 = 380; p. 18. 1012 = 339; p. 21. 808 f. = 63 ff.; ib. 1041 (statt 1031) = 380; p. 22. 1041, 2) und 3) = 378, 2) u. 379, 3); p. 32 **). 1045 = 384 f.; p. 38. 1041 = 378.